Python pour le Lycée

Alexis Dana

Collection 42

Python pour le Lycée

Copyright © 2021 Alexis Dana

Collection 42

SAS Albatros

Bureau 562

59, rue de Ponthieu

75008 PARIS

Tous droits réservés.

Ce livre, ou toute portion de ce livre ne peut être reproduite sous quelque forme sans le consentement express et écrit de l'auteur ou de l'éditeur.

Conception graphique : Ella Lieber

Dépôt légal : Août 2021

Code ISBN : 9798509934094

A propos de l'auteur

Fort d'une expérience dans le domaine de la Data Science et l'analyse de données, Alexis Dana intervient régulièrement auprès des établissements d'enseignement (scolaire et supérieur) pour transmettre ses connaissances en langage Python.

Ses actions de formation sont tournées aussi bien vers les élèves et étudiants que les enseignants.

Il conseille également de nombreux professionnels et entreprises, tant dans la définition de leur stratégie IT que l'implémentation concrète de celle-ci.

SOMMAIRE

Introduction   **9**

Pourquoi cet ouvrage ?   *9*

Qu'est-ce que Python ?   *10*

Comment utiliser cet ouvrage ?   **13**

Présentation de la structuration   *13*

Installation d'un IDE - Jupyter   *14*

Les types de données   **17**

Les données de type « nombres »   *17*

   Les nombres de type « *integer* »   17

   Les nombres de type « *float* »   18

Premier programme en Python : afficher un nombre   *19*

   La fonction `print()`   19

   La fonction `input()`   20

Les données de type « chaînes de caractères »   *22*

Connaitre le type d'une donnée   *24*

Exercices   *25*

Premières manipulations de données   **27**

Premières manipulations avec les données de type nombre   *27*

   Opérations de base : addition, soustraction, multiplication, puissance   27

   Cas particulier de la division   29

Premières manipulations avec les données de type string   *30*

   Concaténation   30

Réplication	31
Convertir les données	*32*
Compter la longueur : la fonction `Len()`	*34*
Extraire un élément	*35*
Exercices	*38*
Les variables	**41**
Qu'est-ce qu'une variable ?	*41*
Quel nom pour les variables ?	*43*
Exercices	*44*
Les conditions	**47**
Conditions simples	*47*
Opérateurs de comparaison	*48*
Conditions multiples	*49*
Exercices	*51*
Les listes	**55**
Définition	*55*
Manipuler les listes	*56*
Suppression dans une liste	*57*
Fonctions complémentaires sur les listes	*58*
Min, Max, Sum	58
Fonctions de tri	59
Générer des listes	59
Exercices	*61*
Les boucles	**67**

Intérêt des boucles	*67*
Boucle While	*68*
Boucle For	*69*
Complément sur les listes : compréhension de listes	*72*
Exercices	*74*
Les fonctions	**77**
Introduction aux fonctions	*77*
Première fonction	*78*
Exercices	*80*
Dictionnaires, librairies... et autres éléments de Python	**83**
Se préparer au bac	**85**
Corrections des exercices	**91**
Correction des exercices de cours	*91*
Correction des exercices de préparation	*118*

Python pour le Lycée

INTRODUCTION

POURQUOI CET OUVRAGE ?

Depuis le début des années 2010, l'Education Nationale introduit progressivement l'apprentissage du langage de programmation Python dans le socle des compétences à acquérir, notamment pour les élèves du lycée.

L'objectif est double.

D'une part, dans le contexte de révolution numérique que nous traversons, la connaissance d'un langage de programmation est une compétence nécessaire tant pour comprendre le fonctionnement des outils que nous utilisons au quotidien que pour en créer de nouveaux.

D'autre part, l'étude d'un langage de programmation, quel qu'il soit, suppose un effort de raisonnement et de structuration de la pensée utile dans de nombreux domaines, y compris hors du champ scientifique.

Apprendre un langage de programmation peut également susciter des vocations, surtout chez des élèves s'interrogeant encore sur le sens à donner à leur future carrière professionnelle.

Pour un certain nombre d'entre eux, l'apprentissage de la programmation sera poursuivi durant les études supérieures (par exemple en classe préparatoire scientifique).

Cet ouvrage part du constat que de nombreux élèves buttent encore sur l'apprentissage des bases de la programmation avec Python, pourtant simple lorsqu'elle est convenablement expliquée.

Cela s'explique notamment par le manque de ressources pédagogiques disponibles.

L'objectif de cet ouvrage est donc de tenter de remédier, du moins partiellement, à cette situation.

QU'EST-CE QUE PYTHON ?

S'interroger sur la nature de Python revient à poser la question : qu'est-ce qu'un langage de programmation ?

Répondons à cette question de façon triviale : un langage de programmation est un moyen d'interagir avec un ordinateur.

Alors que nous utilisons le français pour interagir avec un ressortissant français ou le japonais pour faire de même avec un ressortissant japonais, nous utilisons un langage de programmation pour interagir avec un ordinateur.

Que signifie interagir avec un ordinateur ?

Cela signifie lui communiquer des instructions afin qu'il nous retourne une information ou exécute une tâche.

Prenons l'exemple des calculettes que nous utilisons tous les jours.

Lorsque nous souhaitons réaliser un calcul, nous leur fournissons des données d'entrées (nombres), des instructions (opérations) et attendons d'elles qu'elles nous retourne un résultat. A chaque fois que nous utilisons notre calculette, nous exécutons un programme.

Un langage de programmation permet d'en faire de même avec un ordinateur, et pour des opérations plus complexes, plus élaborées que les simples calculs que nous pouvons exécuter via la calculette.

Il existe un très grand nombre de langage de programmation.

Python est considéré comme parmi les plus accessibles pour les débutants.

Python comme tout langage de programmation doit s'analyser comme une langue.

Etudier une langue suppose d'en connaître le vocabulaire, c'est-à-dire les « mots » qui la compose et les règles de grammaire, c'est-à-dire les règles relatives à l'enchaînement des mots précédemment évoqués.

Enfin, la maîtrise d'une langue suppose une pratique, un exercice régulier afin d'élaborer des enchaînements de phrases qui permettront une compréhension par l'interlocuteur. Dans notre cas l'ordinateur.

L'objectif de cet ouvrage est d'aborder l'ensemble de ces éléments, dans le cadre du programme défini pour les classes de lycée.

COMMENT UTILISER CET OUVRAGE ?

PRESENTATION DE LA STRUCTURATION

Cet ouvrage se compose de deux grandes parties.

La première partie est la partie de cours. Elle aborde l'ensemble des notions fondamentales à connaître en vue du baccalauréat et plus globalement pour appréhender aisément les épreuves et exercices durant le lycée.

Chaque chapitre de cette partie contient des explications, des exemples ainsi que des exercices thématiques corrigés. L'ensemble des corrections des exercices se trouve en fin d'ouvrage.

La subdivision des chapitres, qui pourrait parfois paraître excessive passé un certain niveau se justifie par la nécessité de ne laisser personne au bord du chemin.

Les chapitres se suivent et ne sont pas indépendants ; des notions abordées en début d'ouvrage seront donc considérées comme acquises par la suite.

La seconde partie de cet ouvrage vise à l'entraînement, avec des exercices corrigés, parfois issus des sujets du baccalauréat. Elle vise à maximiser la préparation en vue de cette épreuve charnière.

INSTALLATION D'UN IDE - JUPYTER

Les épreuves d'examens se déroulent très souvent sur papier (même si des exceptions existent).

Les épreuves sur papier nécessitent de solides connaissances théoriques : contrairement aux exercices réalisés directement sur ordinateur, une épreuve sur papier ne peut être recommencées une infinité de fois et une solution ne peut être testée dans l'immédiat.

Pour autant, ce n'est pas parce que l'épreuve est seulement sur papier qu'il faut s'interdire de pratiquer cette langue qu'est Python qui est un moyen parmi d'autres de converser avec l'ordinateur.

La manipulation d'un langage de programmation passe par l'utilisation d'un environnement de développement intégré (EDI – IDE en anglais), interface de programmation facilitant la conception et l'exécution des scripts et algorithmes développés.

Il en existe une multitude.

Dans le cadre de ce cours, les exemples seront présentés avec l'IDE « Jupyter », dont nous recommandons l'utilisation pour réaliser les exercices, tester les réponses...

Le processus (gratuit) pour installer l'IDE Jupyter est la suivant :

- Se rendre à l'adresse : https://www.anaconda.com/products/individual
- Cliquer sur Download et choisir le lien correspondant à votre système d'exploitation
- Suivre la procédure d'installation décrite

En passant par Anaconda, plusieurs modules complémentaires permettant d'éviter des paramétrages longs et fastidieux seront d'ores et déjà installés, ce qui permettra de se focaliser sur l'apprentissage du langage Python.

A l'ouverture de Jupyter, votre écran devrait ressembler à ceci :

SAUF MENTION CONTRAIRE, l'ensemble des exercices présentés dans cet ouvrages sont réalisables sur papier. Cela signifie qu'il n'est pas nécessaire de disposer d'un ordinateur pour les résoudre.

Cependant, n'hésitez pas à alterner papier et Jupyter afin de bien prendre en main Python.

Enfin, notez que l'ensemble des exemples et exercices sont présentés avec la version 3 de Python, conformément au programme de l'Education Nationale.

LES TYPES DE DONNEES

Comme nous l'avons précédemment évoqué, le langage Python doit s'analyser comme une langue.

De même qu'en français existent des verbes, des noms communs, des noms propres... le langage Python admet lui aussi des données de natures diverses.

Dans cette partie, nous allons appréhender deux types de données fondamentales : les nombres et les chaînes de caractères.

LES DONNEES DE TYPE « NOMBRES »

Python permet de manipuler des données de type nombre : 1, 2.5, 456...

Python distingue deux types de données « nombres » : les nombres de type « *integer* » et les nombres de type « *float* ».

Il existe un troisième type de données de nombres, associé aux nombres complexes, que nous n'aborderons pas dans le cadre de cet ouvrage.

Les nombres de type « *integer* »

Les nombres de type « *integer* » sont les nombres entiers.

Ils ne comportent pas de virgule.

Par exemple :

12
456
98
-585
etc...

Les nombres de type « *float* »

Les nombres de type « *float* » sont les nombres à virgule flottante.

Attention, en langage Python, on utilise le point pour représenter la virgule.

Par exemple :

12.5
45.0
-5.62132
etc...
(et non 12,5 , 45,0 etc.)

Maintenant que nous connaissons deux types de données Python, passons à notre premier programme.

PREMIER PROGRAMME EN PYTHON : AFFICHER UN NOMBRE

Nous souhaitons créer un premier programme très simple, mais qui sera d'une importance fondamentale pour la suite de cet ouvrage.

Ce programme doit répondre à l'objectif suivant :

1. Demander à l'utilisateur d'entrer le nombre de son choix
2. Afficher ce nombre

Avant de poursuivre l'écriture de ce premier programme, abordons deux fonctions que nous allons utiliser : les fonction **input()** et **print()**.

Nous aborderons plus en détail la notion de fonction dans la suite de cet ouvrage.

A ce stade, retenez qu'une fonction permet d'exécuter de façon simplifiée certaines tâches sans avoir à reprogrammer l'ensemble de ces taches à chaque exécution.

On dit qu'une fonction admet un ou plusieurs paramètres. On parle également d'argument d'une fonction.

La syntaxe d'une fonction est la suivante : **nom_de_la_fonction(paramètre-s)**.

La fonction print()

La fonction **print()** permet d'afficher la donnée qu'elle contient en paramètre.

EXEMPLE 1 : AVEC UN NOMBRE ENTIER

```
print(5)
5
```

Exemple 2 : avec un nombre a virgule

```
print(5.23)
```
5.23

Exemple 3 : avec plusieurs nombres, espaces par une virgule

```
print(5, 5.23, -81)
```
5 5.23 -81

Si des espaces sont laissés, ils n'auront pas d'influence.

Exemple 4 : avec espaces

```
print ( 202 )
```
202

Exemple 5 : sans espaces

```
print(202)
```
202

Toutefois, la bonne pratique est de ne pas en laisser.

La fonction input()

Si la fonction **print()** avait pour objectif d'afficher une ou plusieurs données, la fonction **input()** a pour objectif de permettre à l'utilisateur d'entrer des données.

Elle admet en paramètre une chaîne de caractères (type de données que nous allons bientôt aborder), qui permet souvent de poser une question.

Exemple 6 : Fonction input avec une question concernant la temperature

```
input("Quelle est la température ?")
```
Quelle est la température ?

```
input("Quelle est la température ?")
Quelle est la température ? 25
```

EXEMPLE 7 : FONCTION INPUT AVEC UNE QUESTION CONCERNANT L'AGE

```
input("Quel âge avez-vous ?")
Quel âge avez-vous ?
```

La fonction **input()** ne renvoie aucune information.

Elle sert seulement à stocker une information fournie par l'utilisateur.

ATTENTION : Il peut arriver que l'IDE que vous utilisez renvoie la valeur de la fonction acceptée par la fonction **input()**. Cette mention est une aide apportée par l'IDE afin de mettre en avant la réponse de l'utilisateur. Il ne s'agit pas du comportement naturel de la fonction **input()** qui sert seulement à entrer une donnée externe. Dans un autre IDE, il ne se passerait rien (de visible pour l'humain derrière son clavier).

Maintenant que nous avons abordé les fonctions **print()** et **input()**, revenons à notre premier programme.

Ci-dessous se trouvent des éléments de réflexion ainsi que la correction.

L'algorithme que nous allons créer est communiqué par l'énoncé.

Dans un premier temps, nous voulons récupérer une information de l'utilisateur. Nous pouvons réaliser cette action via la fonction **input()** :

EXEMPLE 8 : DEMANDE DU CHOIX D'UN NOMBRE A L'UTILISATEUR

```
input("Quel est le nombre de votre choix ?")
Quel est le nombre de votre choix ?1
'1'
```

A ce stade, nous récupérons bien l'information. Toutefois, cette information n'est pas affichée.

Dans l'exemple ci-dessus, l'affichage du nombre à la fin est seulement une aide apportée par Jupyter, non le comportement réel de Python.

L'affichage de l'information s'effectue avec la fonction `print()`.

EXEMPLE 9 : AFFICHAGE DE L'INFORMATION RECUPEREE

```
print(input("Quel est le nombre de votre choix ?"))
Quel est le nombre de votre choix ?1
1
```

Nous avons créé un premier programme, permettant d'afficher une information communiquée par l'utilisateur.

Pour l'instant, nous n'avons manipulé que des données de type nombre.

Abordons un autre type de données : les données de type chaînes de caractères.

LES DONNEES DE TYPE « CHAINES DE CARACTERES »

Les chaînes de caractères manipulées en langage Python sont nommées *strings*.

Les chaînes de caractères sont placées entre guillemets comme dans l'exemple ci-dessous :

EXEMPLE 10 : CHAINE DE CARACTERES

```
print("Bonjour, il fait beau")
Bonjour, il fait beau
```

EXEMPLE 11 : CHAINE DE CARACTERES

```
print("^$^$^$^$^$^$hjelnavjlnv")
^$^$^$^$^$^$hjelnavjlnv
```

Les chaînes de caractères peuvent également être composées de nombres.

EXEMPLE 12 : CHAINE DE CARACTERES COMPOSEE D'UN NOMBRE ENTIER

```
print("123456789")
```
123456789

EXEMPLE 13 : CHAINE DE CARACTERES COMPOSEE D'UN NOMBRE A VIRGULE

```
print("-753.85")
```
-753.85

Dans ce cas, Python ne considèrera pas que ces nombres sont des nombres, mais bien des éléments de chaînes de caractères.

Il est important de comprendre la différence entre

EXEMPLE 14 : AFFICHAGE D'UN NOMBRE

```
print(123)
```
123

EXEMPLE 15 : AFFICHAGE D'UNE CHAINE DE CARACTERES

```
print("123")
```
123

Dans les deux cas, Python va retourner 123.

Mais dans le premier cas, Python va afficher 123 en tant que *integer* tandis que dans le second cas, Python va afficher 123 en tant que *string*.

Nous verrons par la suite que cette différence revêt une importance fondamentale.

CONNAITRE LE TYPE D'UNE DONNEE

La fonction **type()** permet de connaitre et vérifier le type d'une donnée

EXEMPLE 16 : DONNEE DE TYPE *INTEGER*

```
print(type(123))
```
```
<class 'int'>
```

EXEMPLE 17 : DONNEE DE TYPE *FLOAT*

```
print(type(123.0))
```
```
<class 'float'>
```

EXEMPLE 18 : DONNEE DE TYPE *STRING*

```
print(type("123"))
```
```
<class 'str'>
```

EXERCICES

Rappel : l'ensemble des corrections des exercices se trouve en fin d'ouvrage.

Exercice 1

Quel est le type des données ci-dessous ?

- 1
- 2.5
- "Bonjour"
- 1,5
- 7
- "123456"
- "J'ai 45 ans"
- -45.12
- "-45,12"

Exercice 2

Ecrivez le programme afin d'afficher la phrase suivante : Aujourd'hui, j'ai 45 ans.

Exercice 3

Ecrivez le programme afin d'afficher le nombre 456.

Exercice 4

Ecrivez le programme afin d'afficher la chaîne de caractère 456.

Exercice 5

Ecrivez le programme pour afficher l'âge d'un utilisateur après le lui avoir demandé.

Exercice 6

Ecrivez le programme pour afficher le nom d'un utilisateur après le lui avoir demandé.

Exercice 7

Ecrivez le programme pour afficher le type de donnée de "abcd".

Exercice 8

a. Ecrivez le programme pour afficher le type de donnée de n'importe quelle réponse fournie par l'utilisateur.
b. [Avec Jupyter] Testez votre programme avec les données suivante : "Gaston", 12, 12.5 – Qu'en déduisez-vous ?

PREMIERES MANIPULATIONS DE DONNEES

Précédemment, nous avons abordé deux types de données supportées par Python : les nombres et les *strings*.

Abordons maintenant les premières manipulations que nous pouvons effectuer avec ces données.

PREMIERES MANIPULATIONS AVEC LES DONNEES DE TYPE NOMBRE

Opérations de base : addition, soustraction, multiplication, puissance

Lorsque nous manipulons des nombres, Python permet de réaliser le même type d'opérations que nous pourrions réaliser avec une calculatrice.

Ainsi, ces données peuvent être additionnées (signe « + ») :

<u>EXEMPLE 19 : ADDITION</u>

```
print(1+2)
```
3

Exemple 20 : Addition

```
print(1+2.25)
```
3.25

Il n'y a pas de limites quant aux nombres que l'on peut additionner.

Exemple 21 : Addition de plusieurs nombres

```
print(1+2+3+4+5)
```
15

Ces mêmes types d'opérations peuvent être réalisés avec les opérateurs de soustraction « - » et de multiplication « * » :

Exemple 22 : Soustraction

```
print(10-3-1)
```
6

Exemple 23 : Multiplication

```
print(2*2*3)
```
12

Python permet également de réaliser des calculs de puissance « ** » :

Exemple 24 : Puissance

```
print(2**3)
```
8

Enfin, tous ces opérateurs peuvent être combinés ensemble, si besoin à l'aide de parenthèses en vue de marquer les priorités de calcul :

EXEMPLE 25 : PRIORISATION

```
print(2**(3+1))
print(2**3+1)
```
16
9

Cas particulier de la division

Python permet trois opérations associées à la division.

La première opération possible avec la division est la division réelle.

Cette opération est réalisée avec l'opérateur « / ».

Cette opération renvoie le résultat de la division réelle.

EXEMPLE 26 : DIVISION REELLE

```
print(10/2)
print(31/4)
print(20/7)
```
5.0
7.75
2.857142857142857

La seconde opération possible associée à la division est la division euclidienne.

Elle est réalisée grâce à l'opérateur « // ». Cette opération renvoie le quotient de la division euclidienne.

EXEMPLE 27 : DIVISION EUCLIDIENNE

```
print(10//2)
print(31//4)
print(20//7)
```
5
7
2

Enfin, il est possible de ne renvoyer que le reste de la division euclidienne grâce à l'opérateur « % ».

Exemple 28 : Reste de la division Euclidienne

```
print(10%2)
print(31%4)
print(20%7)
```
0
3
6

PREMIERES MANIPULATIONS AVEC LES DONNEES DE TYPE *STRING*

Python permet également de manipuler des *strings*.

Concaténation

L'opération de concaténation est l'opération qui consiste à « assembler » deux ou plusieurs chaînes de caractères l'une à la suite de l'autre.

Par exemple, transformer « ab » et « cd » en « abcd ».

La concaténation s'effectue grâce à l'opérateur « + ».

Exemple 29 : Concatenation

```
print("ab"+"cd")
```
abcd

Exemple 30 : Concatenation avec chaine de nombres

```
print("1"+"1")
```
11

Cet exemple nous permet de comprendre l'importance de la distinction entre données de type nombre (*int* et *float*) et données de type chaîne de caractères (*string*).

Alors que dans le cas des données de type nombre l'opérateur « + » va permettre de réaliser une addition :

<u>EXEMPLE 31 : DONNEES DE TYPE NOMBRE - ADDITION</u>

```
print(1+2)
```
```
3
```

Ce même opérateur va permettre de concaténer des chaînes de caractères :

<u>EXEMPLE 32 : DONNEES DE TYPE *STRING* - CONCATENATION</u>

```
print("1"+"2")
```
```
12
```

L'opération réalisée entre un nombre et une chaîne de caractères va retourner un message d'erreur de Python :

<u>EXEMPLE 33 : ERREUR EN CAS D'OPERATION AVEC DIVERS TYPES DE DONNEES</u>

```
print(1+"2")
---------------------------------------------------------------
TypeError                                 Traceback (most recent call last)
<ipython-input-110-c95492883789> in <module>
----> 1 print(1+"2")

TypeError: unsupported operand type(s) for +: 'int' and 'str'
```

Réplication

La réplication est l'opération ayant pour objectif de répéter plusieurs fois une chaîne de caractères.

Par exemple, transformer « abc » en « abcabcabcabc ».

L'opération de réplication est réalisée avec l'opérateur « * ». De façon grossière et schématique, on pourrait la qualifier de multiplication d'une chaîne de caractères.

EXEMPLE 34 : REPLICATION AVEC DES LETTRES

```
print("abc"*5)
```
abcabcabcabcabc

EXEMPLE 35 : REPLICATION AVEC DES CHIFFRES (EN *STRING*)

```
print("123"*3)
```
123123123

EXEMPLE 36 : CONCATENATION ET REPLICATION

```
print("456"+"789"*3)
```
456789789789

EXEMPLE 37 : CONCATENATION ET REPLICATION AVEC PRIORISATION

```
print(("456"+"789")*3)
```
456789456789456789

CONVERTIR LES DONNEES

Nous avons vu précédemment qu'il n'était pas possible de réaliser des opérations entre données de types différents (*string* et *integer* ou *float*).

EXEMPLE 38 : ERREUR SUITE AU MELANGE DE DONNEES DE TYPES DIFFERENTS

```
print(1+"2.5")
---------------------------------------------------------------------
TypeError                                  Traceback (most recent call last)
<ipython-input-115-b678240160d6> in <module>
----> 1 print(1+"2.5")

TypeError: unsupported operand type(s) for +: 'int' and 'str'
```

Lorsque de telles opérations doivent être réalisées, il est nécessaire de convertir les types des données manipulées.

Les opérations de conversion peuvent être réalisées grâce aux fonctions dédiées :

- **int()**
- **float()**
- **str()**

Ces trois fonctions admettent en paramètre les données à convertir.

Par exemple, pour la conversion d'une chaîne de caractères en nombre de type *float* :

EXEMPLE 39 : CONVERSION *STRING* VERS *FLOAT*

```
print(1+float("2.5"))
```
3.5

Ou la conversion d'un nombre en chaîne de caractères :

EXEMPLE 40 : CONVERSION *INT* VERS *STRING*

```
print(str(1)+"2.5")
```
12.5

La conversion ne fonctionnera pas si la nature des données entrées en paramètres ne s'y prête pas :

EXEMPLE 41 : CONVERSION IMPOSSIBLE

```
print(int("Il n'est pas possible de convertir en integer des lettres..."))
```
```
---------------------------------------------------------------
ValueError                                Traceback (most recent call last)
<ipython-input-118-843c6407315e> in <module>
----> 1 print(int("Il n'est pas possible de convertir en integer des lettres..."))

ValueError: invalid literal for int() with base 10: "Il n'est pas possible de convertir en integer des lettres..."
```

L'intérêt d'une conversion va être de pouvoir par la suite manipuler les données selon l'objectif défini comme montré à travers les exemples ci-dessus.

COMPTER LA LONGUEUR : LA FONCTION LEN( )

Il existe une fonction prédéfinie en Python permettant de compter la longueur d'une chaîne de caractères.

Il s'agit de la fonction **len()**, qui admet en paramètre une chaîne de caractères.

EXEMPLE 42 : NOMBRE DE LETTRES DANS « ANTICONSTITUTIONNELLEMENT » ?

```
print(len("anticonstitutionnellement"))
```
25

EXEMPLE 43 : NOMBRE DE LETTRES DANS UNE PHRASE

```
print(len("Combien de caractères comporte cette question ?"))
```
47

La fonction **len()** ne fonctionne pas avec les données de type nombre.

Pour pouvoir l'utiliser avec ce type de données, il faudra procéder à une conversion.

EXEMPLE 44 : ERREUR AVEC LA FONCTION LEN()

```
print(len(16245876952365475213695))
```
```
TypeError                                 Traceback (most recent call last)
<ipython-input-121-48aa29d8702a> in <module>
----> 1 print(len(16245876952365475213695))

TypeError: object of type 'int' has no len()
```

EXEMPLE 45 : CONVERSION PREALABLE POUR FAIRE APPEL A LA FONCTION LEN()

```
print(len(str(16245876952365475213695)))
```
23

EXTRAIRE UN ELEMENT

Avec Python, il est possible d'extraire des sous-chaînes de caractères.

Par exemple, si l'on souhaite extraire les deux premières lettres de « abcd » pour retenir « ab ».

La syntaxe utilisée est la suivante :

string[index du caractère de départ : index du caractère d'arrivée (non inclus) : pas de déplacement]

EXEMPLE 46 : EXTRACTION DE L'ENSEMBLE DE LA CHAINE

```
print("abcdefghij"[0:10:1])
#dans ce cas, cela revient à englober l'intégralité de la chaine.
```
abcdefghij

EXEMPLE 47 : EXTRACTION DE L'ENSEMBLE DE LA CHAINE AVEC UN PAS DE 2

```
print("abcdefghij"[0:10:2])
#dans ce cas, avec un pas de déplacement de 2, une lettre sur deux est sautée.
```
acegi

EXEMPLE 48 : EXTRACTION DES CINQ PREMIERS CARACTERES

```
print("abcdefghij"[0:5:1])
```
abcde

EXEMPLE 49 : EXTRACTION DES CINQ DERNIERS CARACTERES

```
print("abcdefghij"[5:10:1])
```
fghij

ATTENTION : Python compte les index à partir de 0. Dans notre exemple « abcd », la lettre « a » occupe l'index 0 et (non 1), « d » occupe l'index 3 (et non 4).

Ainsi, pour reprendre notre exemple initial et extraire « ab » de « abcd » :

EXEMPLE 50 : EXTRACTION « AB » DE « ABCD »

```
print("abcd"[0:2:1])
```
ab

Si l'on souhaitait extraire « ac » de « abcd » :

EXEMPLE 51 : EXTRACTION « AC » DE « ABCD »

```
print("abcd"[0:4:2])
```
ac

Et si l'on souhaite seulement extraire le premier caractère :

EXEMPLE 52 : EXTRACTION DU PREMIER CARACTERE

```
print("abcd"[0])
```
a

Par défaut,

- Lorsque l'index du caractère de départ n'est pas indiqué, Python considère qu'il est égal à 0 ;
- Lorsque l'index du caractère d'arrivée n'est pas indiqué, Python considère qu'il est égal au dernier caractère ;
- Lorsque le pas de déplacement n'est pas indiqué, Python considère qu'il est égal à 1.

Ainsi, en reprenant les exemples précédents, et en les simplifiant :

EXEMPLE 53 : EXTRACTION DE L'ENSEMBLE DE LA CHAINE

```
print("abcdefghij"[::])
```
abcdefghij

EXEMPLE 54 : EXTRACTION DE L'ENSEMBLE DE LA CHAINE AVEC UN PAS DE 2

```
print("abcdefghij"[::2])
```
acegi

EXEMPLE 55 : EXTRACTION DES CINQ PREMIERS CARACTERES

```
print("abcdefghij"[:5])
```
abcde

EXEMPLE 56 : EXTRACTION DES CINQ DERNIERS CARACTERES

```
print("abcdefghij"[5:])
```
fghij

EXEMPLE 57 : EXTRACTION DES DEUX PREMIERS CARACTERES

```
print("abcd"[:2])
```
ab

EXEMPLE 58 : EXTRACTION D'UN CARACTERE SUR DEUX

```
print("abcd"[::2])
```
ac

Enfin, il est possible d'utiliser des index et pas négatifs :

EXEMPLE 59 : UTILISATION D'UN PAS NEGATIF

```
print("abcdefghij"[::-1])
# avec un pas négatif, on extrait tous en partant de la fin
# et en reculant de 1 à chaque fois.
```
jihgfedcba

EXEMPLE 60 : EXTRACTION DU DERNIER CARACTERE

```
print("abcdefghij"[-1])
#avec un index négatif, on compte à partir de 1 et du dernier caractère.
```
j

EXERCICES

EXERCICE 9

Que retourne :

```
print(5+5*5-5)
print(2**3)
print(7/2)
print(7//2)
print(7%2)
print("Bonjour " + "Au revoir")
print("5" + "4")
print(5 + "4")
```

EXERCICE 10

Nous avons vu dans un précédent exercice que les données récupérées par la fonction **input()** sont de type string.

Ecrivez un programme qui demande l'âge et retourne cet âge affiché cinq fois. Par exemple, si l'utilisateur entre 12, le programme retourne 1212121212.

EXERCICE 11

Ecrivez un programme qui demande l'âge et retourne cet âge multiplié par cinq. Par exemple, si l'utilisateur entre 12, le programme retourne 60.

EXERCICE 12

Ecrivez le programme pour soustraire la chaîne de caractères "5" du nombre 25 et afficher le résultat.

EXERCICE 13

Ecrivez le programme pour afficher la chaîne de caractères "abcdefgh" à l'envers.

EXERCICE 14

Ecrivez le programme pour afficher le premier caractère de la chaîne de caractères "abcdefgh".

Exercice 15

Ecrivez le programme pour afficher le dernier caractère de la chaîne de caractères "abcdefgh".

Exercice 16

On suppose une chaîne de caractères s.

La chaîne de caractères s possède un nombre de caractères impair.

Ecrivez le programme qui affiche le caractère situé au milieu de la chaîne de caractères.

Par exemple, si s = "abc", le programme affichera b.

Généralisez pour toute string s.

Exercice 17

On suppose une chaîne de caractères s.

La chaîne de caractères s possède un nombre de caractères impair.

Ecrivez le programme qui pour toute string s, affiche toutes les lettres depuis celle du milieu de la string jusqu'à la fin.

Par exemple, si s = "abc", le programme affichera bc.

Généralisez pour toute string s.

Exercice 18

On suppose une chaîne de caractères s.

La chaîne de caractères s possède un nombre de caractères impair.

Ecrivez le programme qui pour toute string s, affiche toutes les lettres depuis celle du milieu de la string jusqu'à la fin, en sautant une lettre sur deux.

Par exemple, si s = "abcde", le programme affichera ce.

Généralisez pour toute string s.

EXERCICE 19

Ecrivez le programme pour afficher la longueur du nombre 987654321.

EXERCICE 20

Ecrivez le programme pour afficher la longueur de toute donnée entrée par l'utilisateur.

EXERCICE 21

Soit une chaîne de caractère s.

   a. Comment afficher le deuxième caractère de la chaîne s ?
   b. Comment afficher l'avant dernier caractère de la chaîne s ?

LES VARIABLES

QU'EST-CE QU'UNE VARIABLE ?

Nous avons commencé à manipuler des données : nous sommes en mesure d'effectuer des calculs, de procéder à des premières manipulations...

Dans notre découverte du vocabulaire Python, nous devons maintenant aborder les variables.

En créant une variable, on demande à l'ordinateur de conserver en mémoire une valeur, à laquelle on a attribué un nom. L'intérêt premier est de stocker cette valeur en mémoire pour la réutiliser par la suite.

Pour créer une variable, on utilise la syntaxe suivante :

nom de la variable = valeur de la variable

Par exemple, supposons que l'on souhaite stocker l'information liée à l'âge :

EXEMPLE 61 : VARIABLE AGE

```
age = 15
print(age)
```
15

(Dans la mesure du possible, on essaiera de donner une terminologie anglaise aux noms des variables.)

On peut faire de même avec le nom :

Exemple 62 : Variable nom

```
name = "Valentin"
print(name)
```
```
Valentin
```

On appelle la création de variable « l'initialisation » de la variable.

Une fois cette variable initialisée, on peut lui assigner une autre valeur. Cette nouvelle valeur écrasera la précédente valeur enregistrée.

Exemple 63 : Changement de valeur de variable

```
age = 15 #dans cette ligne, on initialise la variable age
age = 23 #dans cette ligne, on modifie la valeur de la variable age
print(age) #la dernière valeur de la variable age va être affichée
```
```
23
```

De même avec une variable de type *string* :

Exemple 64 : Variable de type *string*

```
name = "Valentin"
name = "Juliette"
print(name)
```
```
Juliette
```

Une fois que la variable a été initialisée, nous pouvons la manipuler pour réaliser le même type d'opérations que vu précédemment.

Exemple 65 : Variable et addition

```
age = 17
print(age + 3)
```
```
20
```

Exemple 66 : Variable et replication

```
name = "Juliette"
print (name*3)
```
```
JulietteJulietteJuliette
```

Il est également possible de procéder à des concaténations :

EXEMPLE 67 : VARIABLE ET CONCATENATION

```
name = "Valentin"
age = 25 #variable de type int...
print (name + " a pour âge " + str(age) + " ans.")
#... a prendre en compte dans le cadre de la concaténation.
```

Valentin a pour âge 25 ans.

Attention, comme vu précédemment il faudra faire attention au type de données manipulées et procéder à la conversion lorsque nécessaire.

QUEL NOM POUR LES VARIABLES ?

Il est important de conserver quelques bonnes pratiques concernant le nommage des variables.

Le nom des variables en Python peut être constitué de lettres minuscules (a à z), de lettres majuscules (A à Z), de nombres (0 à 9) ou du caractère underscore (_).

Il n'est pas possible d'utiliser d'espace dans un nom de variable.

Par ailleurs, un nom de variable ne doit pas débuter par un chiffre et il n'est pas recommandé de le faire débuter par le caractère _ (sauf cas très particuliers).

De plus, il faut absolument éviter d'utiliser un mot « réservé » par Python comme nom de variable (par exemple : **print, len**, etc.).

Enfin, Python est sensible à la casse, ce qui signifie que les variables age, AGE ou aGe sont différentes.

Le suivi de ces règles permettra une meilleure compréhension à chacun des lecteurs de votre code, et évitera des anomalies inutiles.

EXERCICES

EXERCICE 22

    a. Créez deux variables « quatre » et « cinq » ayant pour valeur 4 et 5

En n'utilisant que les variables, procédez à (et affichez) :

    b. Une addition
    c. Une soustraction (le résultat de la soustraction doit être positif)
    d. Une multiplication
    e. Un calcul de puissance (la plus petite variable est en puissance)
    f. Trois types de divisions (on divisera la plus grande des variables par la plus petite)
    g. Une concaténation des deux variables
    h. Une réplication de la plus petite des variables par la plus grande des variables

EXERCICE 23

Soit la variable name = "Francky".

En n'utilisant que le nom de la variable, affichez :

    a. La première lettre de la valeur de la variable
    b. La dernière lettre de la valeur de la variable
    c. La lettre du milieu de la valeur de la variable
    d. Toutes les lettres, sauf la dernière

EXERCICE 24

    a. Créez une variable « adn ». Cette variable représente la chaîne d'ADN : attgccg
    b. Ecrivez le programme afin de déterminer la longueur de la variable adn
    c. Créez une nouvelle variable adn, qui correspond à la triple réplication de la variable adn initiale

d. Ecrivez le programme afin de déterminer la longueur de cette nouvelle variable adn

Exercice 25

Soit un triangle ABC, rectangle en A.

Ecrivez un programme qui à partir des deux variables « ab » et « ac », calcule la valeur de la variable « bc », chacune de ces variables représentant la longueur d'un côté du triangle rectangle (rappel : racine carrée = puissance ½).

Vous pouvez initialiser les variables en leur donnant une valeur de 3 et 4.

Exercice 26 :

On cherche à créer un programme permettant de calculer par anticipation le temps de course d'un coureur.

Ce programme se présente comme suit :

- L'utilisateur (coureur) est en mesure d'indiquer la longueur du tour de stade
- L'utilisateur est en mesure d'indiquer combien de tour il compte réaliser
- Enfin, l'utilisateur est en mesure d'indiquer (en secondes) le temps qu'il estime nécessaire pour faire un tour de stade.

Ecrivez le programme qui permettra d'afficher :

« La durée totale de votre course est estimée entre x et x+1 minutes. Vous allez parcourir n kilomètres. »

Avec x le temps estimé arrondi à la minute inférieure (par exemple, 130 secondes => 2 minutes), x + 1 le temps estimé arrondi à la minute supérieure (par exemple, 130 secondes => 3 minutes) et n la distance en kilomètre (par exemple 1500 mètres => 1,5 km).

Exercice 27 :

Parmi les noms de variables ci-dessous, lesquels mériteraient d'être revus et pourquoi ?

- city = "Dallas"
- print = "San Francisco"

- 2NW = "New York"
- first_city = "Washington"
- secondCity = "Boston"
- ThirdCity = "Miami"
- _cities = "Los Angeles"
- 456 = "Atlanta"
- CITY = "Houston"

EXERCICE 28

Que retourne le programme ci-dessous ?

```
city = "Dallas"
city = city*3
city = city[1]
city = city*3
print(city)
```

EXERCICE 29

Que retourne le programme ci-dessous ?

```
animal = "koala"
animal = "koala" + "baleine"
animal = animal[:5]
animal = len(animal)
print(animal)
```

EXERCICE 30

Que retourne le programme ci-dessous ?

```
name = "baobab"
name = name[4::-2]
print(name[::-1])
```

LES CONDITIONS

CONDITIONS SIMPLES

La gestion des conditions va nous permettre d'écrire des algorithmes de type :

- SI condition
- ALORS fait ceci
- SINON fait cela.

La gestion des conditions en Python est supportée par les opérateurs IF et ELSE.

Commençons avec un exemple très simple.

EXEMPLE 68 : EXEMPLE IF...ELSE

```
age = 12

if age == 12:
    print ("Tu as 12 ans")
else:
    print ("Tu n'as pas 12 ans")
Tu as 12 ans
```

Dans cet exemple, on commence par initialiser la variable en lui attribuant la valeur « 12 ». On teste ensuite la première condition : est-ce que la variable age est égale à 12 ?. Cette condition est bien remplie ; le script affiche donc « tu as 12 ans ».

Avec ce même script, modifions la variable « age » :

EXEMPLE 69 : EXEMPLE IF...ELSE

```
age = 13

if age == 12:
    print ("Tu as 12 ans")
else:
    print ("Tu n'as pas 12 ans")
```
Tu n'as pas 12 ans

Dans ce cas, la condition n'est pas remplie ; la variable age n'est pas égale à 12 : le script affiche donc « tu n'as pas 12 ans ».

Il est important de noter qu'après avoir posé la première condition (IF condition), on indente la ligne suivante (conséquence de la condition). De même, après avoir posé l'hypothèse ou la condition n'est pas remplie (ELSE), on indente la ligne qui suit (conséquence si la condition n'est pas remplie). Les lignes IF et ELSE se concluent par un double point « : ».

OPERATEURS DE COMPARAISON

Dans l'exemple précédent, nous avons utilisé doublement le signe « = » pour vérifier la condition d'égalité. N'oublions pas qu'utilisé simplement, le signe « = » sert à attribuer une valeur à une variable.

D'autres opérateurs de comparaison existent en Python, présentés ci-dessous :

- ==   égal à
- !=   différent de
- \>   strictement supérieur à
- \>=   supérieur ou égal à
- <   strictement inférieur à
- <=   inférieur ou égal à

Ainsi, si on souhaite écrire un script qui affiche « tu es majeur » si la valeur de la variable « age » est supérieure à 18 :

EXEMPLE 70 : CONDITION SUPERIEURE OU EGALE 1

```
age = 13

if age >= 18:
    print ("Tu es majeur")
else:
    print ("Tu es mineur")
```

```
Tu es mineur
```

EXEMPLE 71 : CONDITION SUPERIEURE OU EGALE 2

```
age = 45

if age >= 18:
    print ("Tu es majeur")
else:
    print ("Tu es mineur")
```

```
Tu es majeur
```

CONDITIONS MULTIPLES

Il peut arriver que les conditions ne soient pas binaires (comme vu précédemment, de type : SI...ALORS...SINON) mais multiples, c'est-à-dire de type :

- SI condition 1
- ALORS fait ceci
- SI condition 2
- ALORS fait cela
- SINON fait autre chose

Dans cette situation, l'opérateur **ELIF** va être utilisé.

Exemple 72 : Utilisation de elif 1

```
a = 10
b = 15

if a < b:
    print("a est plus petit que b")
elif a == b:
    print("a vaut b")
else:
    print("a est plus grand que b")
```

```
a est plus petit que b
```

Exemple 73 : Utilisation de elif 2

```
a = 10
b = 10

if a < b:
    print("a est plus petit que b")
elif a == b:
    print("a vaut b")
else:
    print("a est plus grand que b")
```

```
a vaut b
```

Il conviendra de noter l'importance de l'indentation en langage Python.

Exemple 74 : Erreur en cas de mauvaise indentation

```
a = 10
b = 15

if a < b:
print("a est plus petit que b")
elif a == b:
print("a vaut b")
else:
print("a est plus grand que b")
```

```
  File "<ipython-input-151-496288217965>", line 5
    print("a est plus petit que b")
        ^
IndentationError: expected an indented block
```

Pour rappel, l'indentation est le décalage par rapport à la marge.

EXERCICES

<u>Exercice 31</u>

Un développeur a écrit le script suivant :

```python
if a < 5 :
    print("Baloo")
elif a == 10 :
    print("Mowgli")
elif a//1 == 100 :
    print("Jungle Jungle Book")
else :
    print("Ka !")
```

Que retourne ce script lorsque a prend les valeurs suivantes : 1, 10, 100, 1000.

Exercice 32 :

Un développeur a écrit le script suivant :

```python
if a < 5 :
    print("Top")
elif a < 10 :
    print("Tap")
elif a < 15 :
    print("Tip")
else :
    print("Tup")
```

Que retourne le script lorsque a prend les valeurs suivantes : 1, 6, 8, 12, 16 ?

Exercice 33 :

Un développeur a écrit le script suivant :

```python
if a < 10 :
    print("Top")
elif a < 5 :
    print("Tap")
elif a < 15 :
    print("Tip")
else :
    print("Tup")
```

Que retourne le script lorsque a prend les valeurs suivantes : 1, 6, 8, 12, 16 ?

Exercice 34

Ecrivez un programme qui compare deux variables, a et b. Si a < b, le programme affiche « b gagne », si a > b, le programme affiche « a gagne », enfin, si a vaut b, le programme affiche « Rejouez ! ».

EXERCICE 35

Ecrivez un programme qui compare deux variables, a et b. Si a est plus grand ou égal à b, le programme retourne la valeur de a multipliée par b. Sinon, le programme retourne les valeurs de a et b additionnées.

EXERCICE 36

Le directeur d'une colonie de vacances vous demande de l'aider à écrire un script qui lui permettra de connaitre le prix à payer dans le cadre d'une activité d'accrobranche pour chaque enfant.

Le prix varie en fonction de l'âge et du poids de l'enfant.

Lorsque le poids est strictement inférieur à 60 kg, le prix payé est de 8 €.

Lorsque le poids est inférieur ou égal à 30 kg, le prix payé va dépendre de la taille de l'enfant. Si la taille de l'enfant est strictement inférieure à 130 cm, le prix est de 1 € symbolique. Sinon, le tarif sera de 5 €.

Enfin, lorsque le poids est inférieur à 90 kg et la taille inférieure à 190 cm, le tarif est de 9 €.

Dans tous les autres cas, le tarif est de 10 €.

Le directeur attend de vous que vous lui conceviez une « calculette » améliorée à partir de laquelle il aura seulement à entrer le poids et la taille pour connaitre le tarif (le tarif peut être affiché sous format de nombre.

EXERCICE 37

Ecrivez un programme répondant à l'exigence suivante : on initialise une variable nommée **magique** avec une valeur quelconque.

Si cette valeur est un multiple de 3 et si le premier chiffre de la variable **magique** est différent de 1, on affiche « nombre magique ! », sinon, on affiche « le nombre n'est pas magique ».

Exercice 38

Ecrivez un programme répondant à l'exigence suivante : on initialise une variable nommée **the_chain** qui admet une string.

Si la dernière lettre de cette chaîne est différente de a, alors on affiche cette lettre, sinon on affiche toutes les lettres sauf la dernière.

Exercice 39

Que retourne le script suivant :

```
b = "Viva"

if len(b)*2 == 4 :
    if b[0] == "V" :
        print("Hourra")
    else :
        print ("Bof")
else :
    print(len(b))
```

Exercice 40

Que retourne le script suivant :

```
c = 555

if c%5 == 0 :
    if c*2 < 1000 :
        if c + 2 < 1000 :
            print("ccc")
    else :
        if c + 300 < 1000:
            if c + 2 == 557 :
                print(772)
            else :
                print("azerty")
        else :
            print(456456)
else :
    print(72)
```

LES LISTES

DEFINITION

Une liste est une structure de données qui contient une série de valeurs.

Ces valeurs peuvent être de diverses natures : integer, float, string, listes (il est possible de faire des listes de listes)...

Une liste s'écrit entre crochets []. Les valeurs de la liste sont séparées par des virgules.

EXEMPLE 75 : LISTE AVEC DES NOMBRES

```
myList1 = [1, 2, 3, 5, 9]
print (myList1)
```
```
[1, 2, 3, 5, 9]
```

myList1 est une liste qui contient 5 nombres entiers.

EXEMPLE 76 : LISTE MIXTE

```
myList2 = [1872, "Victor", "Hugo", 156.12]
print (myList2)
```
```
[1872, 'Victor', 'Hugo', 156.12]
```

myList2 est une liste qui contient un **integer**, deux **strings** et un **float**.

MANIPULER LES LISTES

On peut effectuer avec les listes le même type de manipulations que celles que nous avons vu précédemment avec les **strings** :

- Répliquer la liste avec la multiplication

EXEMPLE 77 : REPLICATION

```
myList3 = ["Je t'aime", "I love you"]
print (myList3*3)
```

["Je t'aime", 'I love you', "Je t'aime", 'I love you', "Je t'aime", 'I love you']

- Concaténer des listes avec l'addition

EXEMPLE 78 : CONCATENATION

```
myList4 = ["Bonjour", "les", "enfants"]
myList5 = ["Girafe", 38, 42.2, "Lion"]
myList6 = myList4 + myList5
print (myList6)
```

['Bonjour', 'les', 'enfants', 'Girafe', 38, 42.2, 'Lion']

- Extraire un ou plusieurs éléments de la liste avec les index (attention, en Python on compte à partir de 0)

EXEMPLE 79 : EXTRACTIONS

```
myList7 = ["A", "vaincre", "sans", "péril", "on", "triomphe", "sans", "gloire"]
print(myList7[0]) #Récupérer le premier élément de la liste
print(myList7[-1]) #Récupérer le dernier élément de la liste
print(myList7[0:2]) #Récupérer les deux premiers éléments de la liste
print(myList7[::2]) #Récupérer un élément de la liste sur deux
```

```
A
gloire
['A', 'vaincre']
['A', 'sans', 'on', 'sans']
```

On notera que la récupération d'un intervalle de la liste retourne une nouvelle liste.

- Compter le nombre d'éléments dans la liste avec la fonction **len()**

EXEMPLE 80 : UTILISATION DE LA FONCTION LEN() AVEC UNE LISTE

```
myList7 = ["A", "vaincre", "sans", "péril", "on", "triomphe", "sans", "gloire"]
print(len(myList7))
```

8

SUPPRESSION DANS UNE LISTE

Il existe plusieurs moyens de supprimer un ou plusieurs éléments d'une liste.

Il est possible d'utiliser la fonction **del**, dont la syntaxe est légèrement différente des fonctions précédemment abordées (pas de parenthèses). La suppression d'un élément de la liste avec la fonction **del** est réalisée à partir de l'index, suivant la même logique que celle de la fonction **len()** abordée précédemment.

EXEMPLE 81 : SUPPRESSION AVEC DEL DU PREMIER ELEMENT DE LA LISTE

```
myList7 = ["A", "vaincre", "sans", "péril", "on", "triomphe", "sans", "gloire"]
del myList7[0]
print(myList7)
```

['vaincre', 'sans', 'péril', 'on', 'triomphe', 'sans', 'gloire']

EXEMPLE 82 : SUPPRESSION AVEC DEL DU DERNIER ELEMENT DE LA LISTE

```
myList7 = ["A", "vaincre", "sans", "péril", "on", "triomphe", "sans", "gloire"]
del myList7[-1]
print(myList7)
```

['A', 'vaincre', 'sans', 'péril', 'on', 'triomphe', 'sans']

EXEMPLE 83 : SUPPRESSION D'UN INTERVALLE

```
myList7 = ["A", "vaincre", "sans", "péril", "on", "triomphe", "sans", "gloire"]
del myList7[2:4]
print(myList7)
```

['A', 'vaincre', 'on', 'triomphe', 'sans', 'gloire']

Il est également possible de supprimer une valeur spécifique de la liste grâce à la fonction **.remove()**.

EXEMPLE 84 : SUPPRESSION AVEC .REMOVE()

```
myList7 = ["A", "vaincre", "sans", "péril", "on", "triomphe", "sans", "gloire"]
myList7.remove("vaincre")
print(myList7)
```

['A', 'sans', 'péril', 'on', 'triomphe', 'sans', 'gloire']

Dans le cas où la liste contient plusieurs valeurs similaires, seule la première occurrence de cette valeur sera supprimée.

EXEMPLE 85 : SUPPRESSION DE LA PREMIERE OCCURRENCE D'UNE VALEUR SPECIFIQUE

```
myList7 = ["A", "vaincre", "sans", "péril", "on", "triomphe", "sans", "gloire"]
myList7 = myList7*3
myList7.remove("vaincre")
print(myList7) #Seul le premier "vaincre" a disparu
```

['A', 'sans', 'péril', 'on', 'triomphe', 'sans', 'gloire', 'A', 'vaincre', 'sa
ns', 'péril', 'on', 'triomphe', 'sans', 'gloire', 'A', 'vaincre', 'sans', 'pér
il', 'on', 'triomphe', 'sans', 'gloire']

FONCTIONS COMPLEMENTAIRES SUR LES LISTES

Min, Max, Sum

Les fonctions `min()`, `max()` et `sum()` renvoient respectivement le minimum, le maximum et la somme d'une liste passée en argument.

Exemple 86 : Min, Max, Sum

```
myList8 = [2, 4, 9, 11, 6, 1]
print(min(myList8))
print(max(myList8))
print(sum(myList8))
```

1
11
33

Dans le cadre de cet ouvrage, on n'utilisera ces fonctions qu'avec des données de type **integer** ou **float**.

Fonctions de tri

La méthode **.sort()** trie une liste :

Exemple 87 : Tri d'une liste

```
myList8 = [2, 4, 9, 11, 6, 1]
myList8.sort()
print(myList8)
```

[1, 2, 4, 6, 9, 11]

La méthode **.reverse()** inverse une liste :

Exemple 88 : Inversion d'une liste

```
myList8 = [2, 4, 9, 11, 6, 1]
myList8.reverse()
print(myList8)
```

[1, 6, 11, 9, 4, 2]

Générer des listes

Terminons ce chapitre sur les listes avec deux fonctions utiles.

La première est la fonction **list()** qui admet en argument une chaîne de caractère et qui retourne cette chaîne de caractères éclatée sous forme de liste.

Exemple 89 : Fonction list()

```
myList9 = list("Les sanglots longs des violons de l'automne")
print(myList9)
```

```
['L', 'e', 's', ' ', 's', 'a', 'n', 'g', 'l', 'o', 't', 's', ' ', 'l', 'o', 'n',
' ', 'g', 's', ' ', 'd', 'e', 's', ' ', 'v', 'i', 'o', 'l', 'o', 'n', 's', ' ',
'd', 'e', ' ', 'l', '"', 'a', 'u', 't', 'o', 'm', 'n', 'e']
```

La seconde est la fonction **range()**.

La fonction **range()** est une fonction spéciale en Python qui génère des nombres entiers compris dans un intervalle. Lorsqu'elle est utilisée en combinaison avec la fonction **list()**, elle permet de générer une liste d'entiers.

Elle obéit à la syntaxe suivante : **range(valeur de début, valeur de fin (non inclue), pas de déplacement)**. On reconnaitra une logique similaire à la syntaxe abordée précédemment pour se déplacer dans une liste.

Exemple 90 : List(range())

```
myList10 = list(range(1, 10))
print(myList10)
```

```
[1, 2, 3, 4, 5, 6, 7, 8, 9]
```

Exemple 91 : List(range()) avec pas.

```
myList11 = list(range(1, 10, 2))
print(myList11)
```

```
[1, 3, 5, 7, 9]
```

Exemple 92 : List(range()) simple

```
myList12 = list(range(10))
print(myList12)
```

```
[0, 1, 2, 3, 4, 5, 6, 7, 8, 9]
```

EXERCICES

Exercice 41

a. Créez une liste comprenant les trois prénoms : Harry, Ron et Hermione. Pensez à nommer cette liste afin de pouvoir la réutiliser par la suite.
b. Créez une liste comprenant les trois animaux : Chouette, Chat, Rat.
c. Assemblez ces deux listes dans une même liste commune et affichez la.
d. Répliquez cette nouvelle liste trois fois et affichez la.
e. Supprimer le dernier élément de la liste et affichez la.

Exercice 42

a. Ecrivez un programme qui génère une liste de tous les nombres entre 70 et 130 inclus, en sautant trois unités à chaque fois (70, 73, 76 etc.)
b. Affichez le nombre d'items dans cette liste
c. Affichez la somme des nombres de cette liste
d. Ecrivez le script pour afficher la valeur médiane de cette liste
e. Ecrivez le script pour afficher la valeur moyenne de cette liste

EXERCICE 43

Dans cet exercice, nous allons aborder les listes de listes.

Un zoo a listé ses animaux et leur enclos (représentés par une lettre et un chiffre) :

- Lion : A1
- Zèbre : A2
- Dindon : B4
- Gorille : B5
- Zébu : J3

a. Ecrivez une liste qui représente cette situation. Le nom de la variable associée est « zoo ».
b. Comptez le nombre d'animaux différents
c. Extrayez l'enclos du premier animal de la liste
d. Extrayez le nom du dernier animal de la liste

Exercice 44

On suppose la liste « lights » qui recense les couleurs que peut prendre une ampoule dans une boite de nuit.

```
lights = ["Jaune", "Rouge", "Vert", "Bleu", "Violet"]
```

Que retourne :

```
print(lights[1])
print(lights[-1])
print(lights[1:3])
print(lights[3:1:-1])
print(lights[::])
print(lights[::-1])
print(lights[:2])
print(lights[2:])
```

Exercice 45

Pour son anniversaire, Ludivine a invité Maxence, Victorine, Lucien, Fatou et Georges.

a. Créez une liste nommée avec la liste des invités
b. Finalement, par manque de place, il faut supprimer le dernier des invités. Mettez à jour la liste.

Exercice 46

Maxence fête son anniversaire.

Il attend encore les réponses de ses invités mais sait déjà que si trop de monde doit être présent, il supprimera le premier des invités.

Il ne connait pas quelle sera la limite au nombre d'invités présent (il déterminera cela par la suite).

Enfin, si le nombre d'invités présent n'est pas suffisant, il demandera à ses cousine Berthes et Camille de rejoindre la fête.

Ecrivez un programme représentant cette situation.

L'objectif final est d'afficher la liste des invités en fonction de la situation.

Exercice 47

Irène fête son anniversaire.

Elle a invité beaucoup de monde, et si le nombre d'invité dépasse son nombre d'invité maximal, elle sera obligée de supprimer la moitié des invités de la liste (les derniers de la liste – si par exemple il faut supprimer la moitié des 5 invités, il restera 2 invités ; s'il faut supprimer la moitié des 6 invités, il restera 3 invités).

Ecrivez un programme représentant cette situation.

L'objectif final est d'afficher la liste des invités en fonction de la situation.

Exercice 48

Pour son anniversaire, Romuald a décidé d'inviter ses amis Truc, Bidule, Machin et Chose.

Après avoir créé une liste représentant cette situation et l'avoir affiché, supprimez nommément Bidule et affichez de nouveau la liste.

Exercice 49

Sans utilisez la fonction `.reverse()`, affichez la liste contenant les lettres a, b, c, d, e à l'envers.

Exercice 50

Aline et Jérémie sont nés le même jour. Ils décident de fêter leur anniversaire ensemble.

Aline a décidé d'inviter 7 copines représentées par les lettres a, b, c, d, e, f, g.

Jérémie a décidé d'inviter 8 copains représentés par les lettres h, i, j, k, l, m, n, o.

La salle qu'ils ont décidé de retenir est représentée par une variable représentant le nombre maximal d'invités pouvant être accueillis. On pourra l'initialiser à 14.

Ecrivez un programme qui permet de tester si le rassemblement des deux listes d'invités est cohérent avec la capacité de la salle. Si tel est le cas, alors on affichera la liste totale des invités dans une seule et unique liste.

Si la capacité de la salle n'est pas suffisante, seule Aline y organisera son anniversaire, et on affichera la liste correspondante.

Enfin, si la capacité de la salle n'est pas suffisante, mais l'écart strictement inférieur à 10 % par rapport au maximum autorisé, alors on supprimera le dernier invité de Aline et on affichera distinctement la liste de Aline et Jérémie.

Ecrivez le programme représentant cette situation.

EXERCICE 51

   a. Créez une liste de chaque chiffre à partir du nombre 654321987
   b. Affichez cette liste nouvellement créée
   c. Affichez cette liste de façon inversée
   d. Affichez cette liste dans l'ordre croissant

EXERCICE 52

En une ligne, créez une liste de tous les nombre de 7 à 98 multiples de 7 et affichez-la.

EXERCICE 53

Soit la phrase : « Esope reste ici et se repose ».

Ecrivez le programme permettant d'afficher le 10ème caractère de cette phrase, après l'avoir mise lettre par lettre sous forme de liste.

LES BOUCLES

INTERET DES BOUCLES

L'un des premiers objectifs de la programmation informatique est de permettre un gain de temps.

Les boucles sont un des éléments du vocabulaire de l'informatique permettant de gagner du temps, en faisant répéter à l'ordinateur une instruction définie.

Par exemple, on cherche à afficher l'ensemble des entiers de 1 à 10.

On pourrait procéder comme suit :

Exemple 93 : Affichage manuel d'une liste de nombres

```
print(1)
print(2)
print(3)
print(4)
#etc.
```
1
2
3
4

Dans cet exemple, on obtiendrait le résultat souhaité.

Toutefois une telle répétition des instructions s'avérerait fastidieuse. Qui plus est, comment procéder pour afficher l'ensemble des entiers de 1 à 100 000 ?

C'est dans ce contexte qu'interviennent les boucles.

Il en existe deux types : les boucles **while** et les boucles **for**.

BOUCLE WHILE

Les boucles While ont pour objectif de donner des instructions de type :

- Tant que condition
- Fait ceci

Reprenons l'exemple précédent :

EXEMPLE 94 : BOUCLE WHILE

```
i = 1              #initialisation de la variable
while i <= 10 :    #on pose la condition : tant que...
    print (i)      #fait ceci : dans ce cas, affiche i
    i = i + 1      #ensuite, ajoute 1 à la valeur i
```

```
1
2
3
4
5
6
7
8
9
10
```

Dans un premier temps, on a initialisé une variable i avec la valeur 1.

Dans un second temps, on donne à l'ordinateur l'instruction : tant que i est inférieur ou égal à 10, affiche i.

Enfin, dans un troisième temps, on incrémente la valeur de i, c'est-à-dire qu'on lui ajoute la valeur « +1 ».

Ainsi, on peut faire en quatre lignes de code ce qui aurait pris beaucoup plus de lignes précédemment.

Il faut faire attention à ne pas entrer une boucle infinie. Dans ce cas, l'ordinateur calculera de façon infinie la boucle donnée.

EXEMPLE 95 : BOUCLE WHILE ET ERREUR

```
i = 1
while i <= 10 :
    print (i)
```

```
1
1
1
1
1
1
1
1
1
1
1
1
1
1
1
1
1
1
1
```

Dans ce cas, i est toujours égal à 1 (pas d'incrémentation), donc la boucle ne va jamais se terminer naturellement.

BOUCLE FOR

Les boucles for obéissent à une logique de type :

- Pour chaque élément de ceci
- Fait cela

Elles permettent d'itérer dans des listes ou des chaînes de caractères.

Par exemple, on veut afficher l'ensemble des prénoms de la liste des invités à un anniversaire.

EXEMPLE 96 : ITERATION DANS UNE LISTE

```
guests = ["Franck", "Gaspard", "Line", "Marjorie"]

for guest in guests :
    print(guest)
```

Franck
Gaspard
Line
Marjorie

EXEMPLE 97 : ITERATION DANS UNE STRING

```
password = "iavm$aùva^r"

for letter in password :
    print(letter)
```

i
a
v
m
$
a
ù
v
a
^
r

Une boucle for obéit à la syntaxe suivante :

EXEMPLE 98 : SYNTAXE BOUCLE FOR

```
myString = "Exemple"
#initialisation de la variable myString, dans laquelle nous allons itérer

for letter in myString : #initialisation de la boucle.
    #Pour chaque élément de l'objet dans lequel je vais itérer...
    print (letter)         #affiche cet élément
```

E
x
e
m
p
l
e

Au lieu d'utiliser « letter », on aurait pu utiliser le mot « clown », cela ne change rien :

EXEMPLE 99 : SYNTAXE BOUCLE FOR 2

```
myString = "Exemple"

for clown in myString :
    #On peut nommer comme on le souhaite le nom qu'on
    #donne à chaque item issu de l'itération
    print (clown)
```

E
x
e
m
p
l
e

On veillera, tout comme pour la gestion des conditions, à l'indentation, primordiale en langage Python.

On peut également utiliser la fonction range que nous avons abordé précédemment avec la boucle for :

EXEMPLE 100 : BOUCLE FOR ET RANGE()

```
for a in range(5) :
    print(a)
```
0
1
2
3
4

EXEMPLE 101 : BOUCLE FOR ET RANGE() SUR UN INTERVALLE DEFINI

```
for b in range(5, 15, 3) :
    print(b)
```
5
8
11
14

COMPLEMENT SUR LES LISTES : COMPREHENSION DE LISTES

Revenons sur les listes, que nous avons abordé dans le chapitre précédent.

Il existe dans la syntaxe Python une façon de manipuler les listes (créer, supprimer des éléments...) en simplifiant à l'extrême le code écrit grâce à la compréhension de listes (*list comprehension* en anglais).

La syntaxe à suivre est la suivante :

new_list = [function(item) for item in list if condition(item)]

Avec une telle méthode, il est possible de créer des listes :

EXEMPLE 102 : COMPREHENSION DE LISTE ET RANGE()

```
print ([value for value in range(5)])
[0, 1, 2, 3, 4]
```

EXEMPLE 103 : COMPREHENSION DE LISTE, RANGE ET CONDITION

```
print ([value for value in range(5) if value != 3])
[0, 1, 2, 4]
```

De filtrer les éléments d'une liste ; supposons que dans la liste ci-dessous, on ne souhaite conserver que les valeurs supérieures ou égales à 6.

EXEMPLE 104 : COMPREHENSION DE LISTE ET FILTRE

```
numbers = [1, 4, 2, 1, 9, 9, 0, 12, 32, 3, 4, 6, 2, 6, 8, 3]
new_list = [n for n in numbers if n >= 6]
print (new_list)
[9, 9, 12, 32, 6, 6, 8]
```

Nous aurions aussi pu faire :

EXEMPLE 105 : FILTRE SANS COMPREHENSION DE LISTE

```
numbers = [1, 4, 2, 1, 9, 9, 0, 12, 32, 3, 4, 6, 2, 6, 8, 3]
new_list = []
for n in numbers :
    if n >= 6 :
        new_list.append(n)
    #Nous n'avons pas abordé la fonction .append(), mais son utilité
    #et son comportement se devinent aisément
print (new_list)
[9, 9, 12, 32, 6, 6, 8]
```

L'écriture en est néanmoins un peu plus longue.

EXERCICES

Exercice 54

Ecrivez un programme permettant d'afficher tous les nombres de 0 à 15 avec une boucle **for** (1 nombre par ligne).

Exercice 55

Ecrivez un programme permettant d'afficher tous les nombres de 0 à 15 avec une boucle **while** (1 nombre par ligne).

Exercice 56

Ecrivez un programme permettant d'afficher tous les nombres de 5 à 15 avec une boucle **for** (1 nombre par ligne)

Exercice 57

Ecrivez une boucle **while** permettant d'afficher tous les nombres de 1 à 100 divisibles par 7.

Exercice 58

Ecrivez une boucle for pour afficher le dessin suivant :

```
******
*****
****
Salut !
***
**
*
```

Exercice 59

On dispose de la liste des élèves d'une classe.

On veut diviser la classe en deux. Les élèves dont le nom commence par la lettre A iront dans la liste **classe_A**, les autres dans la liste **classe_B**.

Pour ajouter un élément à une liste, on peut utiliser la méthode `nom_de_la_liste.append(valeur à ajouter)`.

On écriera le programme pour la liste d'élèves : Axel, Alex, Alphonse, Nono, Lisa, Lenny

Exercice 60

Soit la chaîne de caractère : « 123456123456 »

En itérant dans cette chaîne, écrivez 123123.

Exercice 61

En utilisant seulement la compréhension de listes, créez la liste des nombre impairs entre 11 et 21.

Exercice 62

En utilisant seulement la compréhension de liste, créez la liste des nombres impairs entre 0 et 21 et divisibles par 3.

Exercice 63

A l'aide d'une boucle, et sans utiliser la fonction `sum()`, additionner les nombres de la liste `to_add = [1, 3, 9, 12, 5]`

Exercice 64

A l'aide d'une boucle, et sans utiliser la fonction `sum()`, additionner les nombres impairs de la liste

LES FONCTIONS

INTRODUCTION AUX FONCTIONS

Une fonction est un bloc de code nommé réutilisable au sein d'un programme.

Les fonctions rendent le code plus lisible et plus clair en le fractionnant en blocs logiques.

Nous avons déjà vu des fonctions au long de cet ouvrage.

Par exemple, la fonction **len()** admet en argument une chaîne de caractères ou une liste et retourne sa longueur.

En Python, il est possible d'aller au-delà des fonctions déjà existantes pour créer ses propres fonctions.

Le processus associé aux fonctions se décompose en trois étapes :

- La fonction admet un ou plusieurs arguments
- La fonction exécute les actions pour lesquelles elle est programmée
- La fonction retourne une valeur (il peut arriver que la fonction soit utilisée pour simplifier des actions sans retourner de valeurs – cette troisième étape du processus est donc optionnelle).

Ainsi, en reprenant l'exemple de la fonction **len()** :

- La fonction **len()** admet une liste ou une chaîne de caractère en argument
- La fonction **len()** compte le nombre d'occurrences de l'argument
- La fonction **len()** renvoie le nombre d'occurrences de l'argument

PREMIERE FONCTION

Une fonction s'écrit à partir du mot-clé **def** (pour définir la fonction), suivi du nom de la fonction, de ses arguments entre parenthèses et du double point « : »

Les actions exécutées sont ensuite développées dans un bloc indenté.

Enfin, la fonction se termine avec le mot clé **return** et la valeur retournée.

Par exemple, créons une fonction double qui admet un nombre en argument et retourne la valeur double de ce nombre.

EXEMPLE 106 : FONCTION DOUBLE

```
def double(x):
    return x*2

print(double(1))
print(double(7.5))
print(double(22))
```

2
15.0
44

Cette fonction peut être plus élaborée.

Par exemple, si le nombre entré en argument est inférieur à 5, alors il est triplé :

EXEMPLE 107 : FONCTION AVEC CONDITION

```
def double_or_triple(x) :
    if x < 5 :
        return x*3
    else :
        return x*2

print(double_or_triple(1))
print(double_or_triple(7.5))
print(double_or_triple(22))
```

3
15.0
44

Une fois la fonction définie, elle peut être réutilisée tout au long du script écrit.

Une fonction peut admettre plusieurs arguments. Par exemple, une fonction qui multiplie par 3 le premier argument puis l'additionne au second :

EXEMPLE 108 : FONCTION ADMETTANT PLUSIEURS ARGUMENTS

```
def triple_and_add(x, y) :
    return x*3+y

print(triple_and_add(1, 2))
print(triple_and_add(10, 5))
print(triple_and_add(1, 1))
```
```
5
35
4
```

Une fonction peut également retourner plusieurs informations.

EXEMPLE 109 : FONCTION RETOURNANT PLUSIEURS VALEURS

```
def double_and_triple(x) :
    return x*2, x*3

print (double_and_triple(5))
print (double_and_triple(7))
print (double_and_triple(2))
```
```
(10, 15)
(14, 21)
(4, 6)
```

EXERCICES

Exercice 65

Nous avons tout au long de cet ouvrage utilisé la fonction `len()`. Nous allons la recréer.

Créez une fonction **longueur** qui admet en argument une string ou une liste et qui retourne sa longueur. Votre fonction ne doit pas utiliser la fonction `len()`.

Exercice 66

Créez une fonction qui vérifie si un nombre est un multiple de 3, et retourne « oui » ou « non » en fonction de la réponse.

Exercice 67

Créez une fonction puissance qui admet deux arguments x et y et retourne x à la puissance y.

Exercice 68

Créez une fonction **squaremax** qui admet une liste de nombres et retourne le carré du nombre le plus élevé de la liste.

Exercice 69

Créez une fonction **squaremax2** qui admet une liste de nombres et retourne le carré du nombre le plus élevé de la liste. Vous n'avez cette fois pas le droit d'utiliser la fonction `max()`.

Exercice 70

Créez une fonction **kayak** qui admet une liste de strings et renvoie le mot le plus long inversé.

Exercice 71

Créez une fonction **order** qui admet une liste de nombres et renvoie la liste ordonnée par ordre croissant, dont le plus petit des nombres a été supprimé.

EXERCICE 72 :

La distance euclidienne d entre deux points A(xA, yA, zA) et B(xB, yB, zB) se calcule grâce à la formule :

$$d = \sqrt{(x_B - x_A)^2 + (y_B - y_A)^2 + (z_B - z_A)^2}$$

Créez une fonction **distance** permettant de calculer la distance euclidienne entre deux points A et B.

Les coordonnées des points A et B sont chacune entrées dans une liste.

EXERCICE 73

Une banque souhaite que vous créiez une fonction **credit_score**, permettant après avoir donné la taille du foyer, le revenu mensuel et le nombre d'enfants mineurs composant le foyer de juger de la fiabilité du foyer en vue du remboursement d'un crédit.

Une première notation est réalisée en divisant le montant du revenu annuel par le nombre de personnes occupant le foyer. Si le résultat est supérieur à 20 000, alors le montant est octroyé d'office.

Si le résultat est compris entre 10 000 et 20 000, la banque vérifie le nombre d'enfants mineurs composant le foyer. Dans l'hypothèse ou ce nombre est supérieur ou égal à 3, le crédit est refusé. Sinon, le crédit est accepté.

Enfin, dans le cas ou le résultat est inférieur à 10 000, le crédit est refusé.

Votre objectif est de créer une fonction qui permettra à la banque dans chaque situation de déterminer ce qu'elle doit faire. La banque souhaite également que dans le cas ou le crédit est refusé, le score initial obtenu soit retourné.

EXERCICE 74

Ecrire une fonction qui à partir de la longueur et de la largeur d'un rectangle, renvoie sa surface.

DICTIONNAIRES, LIBRAIRIES... ET AUTRES ELEMENTS DE PYTHON

Dans le cadre de ce cours, nous n'avons pas abordé certains objets du langage Python comme les dictionnaires, les tuples, les sets...

Très utiles, voire fondamentaux dans la vie quotidienne du développeur, ces objets Python ne sont pas au programme de Lycée, qui rappelons le, vise surtout à mettre le pied à l'étrier de l'algorithmie aux élèves.

C'est la raison pour laquelle ces objets ne sont pas abordés. C'est également la raison pour laquelle l'ensemble des exercices présentés par la suite peuvent être résolu sans faire appel à ces objets.

Le succès du langage Python s'explique par sa capacité à être rendu simple pour tout étudiant désireux de le prendre en main. Il s'explique également par son écosystème très fourni, ayant notamment conduit au développement d'un grand nombre de bibliothèques.

Les bibliothèques sont des modules packagés regroupant les fonctions les plus utiles afin d'éviter aux développeurs de réécrire l'intégralité des fonctions à chaque nouveau projet.

Par exemple, il existe une bibliothèque « maths » qui contient un certain nombre de fonctions associées aux mathématiques. Pour faire appel à une fonction issue d'une bibliothèque on utilise l'instruction :

```
from nom_de_la _bibliothèque import nom_de _la_fonction
```
.

EXEMPLE 110 : IMPORT D'UNE FONCTION DE LA BIBLIOTHEQUE MATH

```
from math import sqrt
#la fonction sqrt permet d'obtenir la racine carrée

print (sqrt(25))
```

```
5.0
```

Si on souhaite importer l'ensemble de la bibliothèque, on remplacera le nom de la fonction par « * » :

EXEMPLE 111 : IMPORT DE TOUTES LES FONCTIONS DE MATH

```
from math import *

print(factorial(5))   #fonction factorielle
print(cos(0))         #fonction cosinus
```

```
120
1.0
```

Si ces bibliothèques ont un intérêt évident à un stade plus avancé, encore une fois rappelons que l'objectif du lycéen est d'apprendre à raisonner en Python plutôt que de développer des programmes avancés dans des laps de temps limités.

C'est la raison pour laquelle nous n'avons pas abordé les librairies dans le cadre de cet ouvrage.

Encore une fois, faire appel à de telle librairie ne sera pas nécessaire dans le cadre des exercices proposés par la suite, sauf exceptions qui seront explicitement mentionnées.

SE PREPARER AU BAC

Cette partie présente des exercices Python abordant tous les sujets évoqués dans le cadre du cours.

Cette partie à pour objectif de renforcer et consolider les connaissances acquises, notamment en vue du baccalauréat.

PREPARATION 1 : ALIGNEMENT DE TROIS POINTS

Ecrivez une fonction permettant de déterminer si trois points ABC de l'espace sont alignés.

Votre fonction **alignement** admettra 6 arguments : xA, yA, xB, yB, xC, yC de nature **integer**.

Elle retournera **True** si les points sont alignés, et **False** si ce n'est pas le cas (**True** et **False** sont des objets Python appelés booléens).

PREPARATION 2 : MODELISATION D'UNE FONCTION AFFINE

Ecrivez une fonction Python nommée **affine** modélisant une fonction affine. Cette fonction admet en arguments a, b et x et retourne y.

PREPARATION 3 : CONVERSION DE TEMPERATURE

Ecrivez une fonction permettant de convertir une température en degrés Celsius en degrés Fahrenheit.

Pour rappel, la conversion s'effectue en multipliant le nombre de degrés Celsius par 9/5 et en ajoutant 32 au résultat.

PREPARATION 4 : RESEAU SOCIAL – 1

Ecrivez une fonction permettant de modéliser le nombre d'inscrits d'un réseau social en fonction du nombre de mois écoulés.

A t0, le nombre d'inscrits est de 10 000.

Chaque mois, 1% des utilisateurs se désinscrivent. Mais 1500 s'inscrivent sur le réseau également.

Préparation 5 : Reseau social – 2

A l'aide de la fonction créée dans l'exercice précédent, écrivez un algorithme permettant de déterminer au bout de combien de temps (en mois) le réseau social atteindra la barre des 25 000 inscrits.

PRÉPARATION 6 : VARIABLE ALÉATOIRE

On considère un jeu dans lequel on dispose d'un dé à six faces numérotées de 1 à 6 et d'une pièce ayant un côté Pile et un côté Face.

Le dé est bien équilibré.

Toutefois, dans trois cas sur quatre, la pièce tombe sur Pile plutôt que sur Face.

Dans ce jeu, on lance tout d'abord le dé et on lit le chiffre apparaissant sur la face supérieure.

- Si le 6 apparaît, alors le joueur a gagné.
- Si un nombre impair apparaît, alors le joueur a perdu.
- Si le nombre 2 ou 4 apparaît, alors on lance la pièce. Si le joueur obtient Pile, alors le joueur a gagné sinon, il a perdu.

L'objectif de cet exercice est d'écrire un algorithme modélisant cette situation.

Pour cet exercice, on va faire appel à deux fonctions provenant de la librairie **random** :

- La fonction **randint()**, qui permet de générer un nombre entier aléatoire à chaque fois que l'algorithme sera exécuté. Cette fonction admet en argument un bornage, qu'on va fixer à 1 et 6, correspondant aux valeurs possibles du dé.
- La fonction **random()** qui génère un flottant compris entre 0 et 1

   a. On a écrit la fonction associée au lancé de dé. Complétez la fonction associée au lancer de la pièce :

```
from random import randint, random

def simulDe():
    return randint(1,6)

def simulPiece():
    X = random()
```

Aide : on associera la valeur retournée par la fonction pour « Pile » à 1, et la valeur retournée pour « Face » à 0. Tout au long de cet exercice, 1 représente une victoire et 0 une défaite.

   b. Ecrivez la fonction jeu, correspondant au jeu décrit dans l'énoncé
   c. Complétez votre algorithme pour que celui affiche « Gagné ! » ou « Perdu ! » en fonction du résultat.

PREPARATION 7 : VARIABLE ALEATOIRE 2

A l'aide de la fonction **jeu()** précédemment créée, écrivez un algorithme afin de simuler 1000 parties et retourner le nombre de victoires et de défaites.

PREPARATION 8 : INTERETS COMPOSES

On place une somme S au taux d'intérêts annuel de 3 %. Les intérêts sont composés. Ecrivez un algorithme permettant de déterminer l'évolution de S en fonction du nombre d'années n de placement.

On initialisera S à 1 000 €

PREPARATION 9 : INTERETS COMPOSES 2

Dans la continuité de l'exercice précédent :

   a. Modifiez la fonction précédente afin qu'elle ajoute à une liste, et pour chaque année, la valeur de S.
   b. Ecrivez l'instruction permettant de calculer la moyenne de cette liste

PREPARATION 10 : LE PLUS PETIT ENTIER

Ecrivez l'algorithme permettant de déterminer le plus petit entier t tel que $1,0002^t > 3978$.

PREPARATION 11 : AUTOUR DES LISTES

   a. Ecrivez une fonction Python nommée **au_cube** qui admet en argument une liste **a** et renvoie une nouvelle liste **b** des valeurs de **a** au cube.
   b. Ecrivez en compréhension la fonction précédente que l'on nommera **au_cube2**
   c. Ecrivez une fonction Python nommée **au_cube3** qui admet en argument une liste **a** et retourne une liste **b** de listes, avec dans chacune de ces listes la valeur initiale

de l'item et sa valeur au cube. Par exemple : **au_cube2([1, 2, 3])** retourne [[1, 1], [2, 8], [3, 27]].
d. Ecrivez en compréhension la liste suivante : [1, 27, 125, 343, 729]
e. Ecrivez en compréhension la liste suivante : [10, 1, 12, 1, 14, 1, 16, 1, 18, 1]
f. Ecrivez une fonction **to_i** transformant toute liste [a, b, c...] par une liste alternant items de la liste et leur index de type [0, a, 1, b, 2, c...]

PREPARATION 12 : LA BOUCLE EST BOUCLEE

Un couple de parents attend un enfant et cherche encore la meilleure combinaison de nom / prénom à donner à cet enfant.

Le couple à deux noms de famille : Dupond et Laplace et sait déjà qu'il donnera seulement un seul de ces noms à son enfant.

Le couple à également envie de donner un prénom composé à cet enfant. Le premier des prénoms sera forcément Pierre, Paul ou Jacques. Le second des prénoms sera forcément Zinedine, Kylian ou Thierry.

Ecrivez un algorithme qui affichera l'ensemble des combinaisons possibles (une combinaison par ligne). Par exemple :

Pierre Zinedine Dupond
Pierre Zinedine Laplace
etc.

PREPARATION 13 : LA BOUCLE EST BOUCLEE 2

On suppose 2 listes de chiffres :

`liste_a = [1, 4, 3, 2]`

`liste_b = [9, 8, 6, 7]`

Ecrivez un algorithme répondant aux exigences suivantes :

- L'algorithme doit afficher l'ensemble des nombres pouvant être générés à partir de la concaténation d'un chiffre de chacune de ces listes. Par exemple : 19 , 91, 18, 81 etc.

- Toutefois, si le nombre obtenu est divisible par 3, il devra être affiché à la fin du programme dans une liste contenant l'ensemble des nombres divisibles par 3.

PRÉPARATION 14 : DIVISIBILITÉ

Écrivez une fonction permettant de vérifier la divisibilité d'un nombre par 3. Cette fonction retourne « Ce nombre est divisible par 3 » ou « Ce nombre n'est pas divisible par 3 » en fonction des cas.

Vous ne pouvez pas utiliser d'opérations associées à la division (%, / ou //).

PRÉPARATION 15 : TOP DU TOP

Créez une fonction **top** qui admet en argument une chaîne de caractères (de type phrase) et renvoie le mot le plus long de cette phrase à l'envers.

Par exemple, **top("Un problème sans solution est un problème mal posé")** retourne emèlborp.

Si deux mots sont de longueur équivalente, la fonction retourne seulement le dernier.

CORRECTIONS DES EXERCICES

CORRECTION DES EXERCICES DE COURS

Correction Exercice 1

```
# On peut deviner le type des objets ci-dessous assez facilement

1               # int
2.5             # float
"Bonjour"       # string
1,5             # il s'agit ici de deux entiers (int), séparés par une virgule
7               # int
"123456"        # string
"J'ai 45 ans"   # string
-45.12          # float
"-45,12"        # string
```

Correction Exercice 2

```
print("Aujourd'hui, j'ai 45 ans.")
# On n'oubliera pas de mettre la phrase entre guillemets,
# au risque d'avoir une erreur.
```

```
Aujourd'hui, j'ai 45 ans.
```

Correction Exercice 3

```
print(456)
# Pour afficher un nombre, nul besoin de guillemets
```

```
456
```

Correction Exercice 4

```
print("456")
# Une chaine de caractères est entre guillemets
```

```
456
```

Correction Exercice 5

```
print(input("Quel est votre âge ?"))
# on réfléchit en deux temps
# 1) On demande l'âge de l'utilisateur avec la fonction input()
# 2) On affiche son âge avec la fonction print()
```

Correction Exercice 6

```
print(input("Comment-vous appelez vous ?"))
# Même raisonnement que l'exercice précédent.
```

Correction Exercice 7

```
print(type("abcd"))
```

```
<class 'str'>
```

Correction Exercice 8

```
print(type(input("Entrez une information")))

# On n'oubliera pas de fermer les parenthèses.

# Dans tous les cas, les données sont de type "str".
# On en déduit que l'utilisation de la fonction input()
# renvoie toujours une donnée de type str().
# Nous verrons par la suite en quoi cela est problématique
# et comment y remédier.
```

Correction Exercice 9

```
print(5+5*5-5) # Il s'agit d'un calcul simple -
              # on n'oubliera pas d'appliquer les règle de priorité
print(2**3)
print(7/2)
print(7//2)
print(7%2)
print("Bonjour " + "Au revoir")
print("5" + "4") # Il s'agit d'une concaténation de données de type string.
print(5 + "4")  # Il n'est pas possible de mélanger données de type string
                # et int dans des manipulations de données
                # Cela conduit à un message d'erreur
```

```
25
8
3.5
3
1
Bonjour Au revoir
54


---------------------------------------------------------------------------
TypeError                                 Traceback (most recent call last)
<ipython-input-9-742f579ca106> in <module>
      7 print("Bonjour " + "Au revoir")
      8 print("5" + "4") # Il s'agit d'une concaténation de données de type st
ring.
----> 9 print(5 + "4")   # Il n'est pas possible de mélanger données de type s
tring
     10                  # et int dans des manipulations de données
     11                  # Cela conduit à un message d'erreur

TypeError: unsupported operand type(s) for +: 'int' and 'str'
```

Correction Exercice 10

```
print(input("Quel est votre âge ?")*5)
# Il s'agit d'une réplication d'une string
```

Correction Exercice 11

```
print(int(input("Quel est votre âge ?"))*5)
# Pour que la multiplication s'effectue,
# il faut convertir la donnée de string vers int.
# Dès lors, ce ne sera plus une réplication mais
# une multiplication qui sera réalisée.
# La conversion de string vers integer est réalisée
# grâce à la fonction int()
```

Correction Exercice 12

```
print(25-int("5"))
# Avant de procéder à l'opération,
# il faut convertir la chaine de caractère "5" (string)
# en nombre (integer).
```

20

Correction Exercice 13

```
print("abcdefgh"[::-1])
# On se déplace dans la chaine de caractères avec un pas de -1,
# autrement dit on affiche l'index -1, -2, -3 etc.
```

hgfedcba

Correction Exercice 14

```
print("abcdefgh"[0])
# Attention ! l'index du premier caractère est 0, et non 1.
```

a

Correction Exercice 15

```
print("abcdefgh"[-1])
# Le dernier caractère de la chaine de caractère a
# pour index -1, puisque c'est le premier en partant de la fin.
# On aurait aussi pu faire :
print("abcdefgh"[7])
# Et non pas 8, puisqu'on commence à compter à 0.
# Toutefois cette façon de faire, si elle est juste,
# devient rapidement compliquée avec une chaine de caractères
# longue. Par exemple : "123djlhjsljlfr8965ebhjkdbjhbkbhfbjdkykevmlkjhgcads"
```

h
h

Correction Exercice 16

```
# Supposons s = "abc"
# Pour obtenir l'index de la lettre située au milieu,
# on va chercher la longueur de la chaine :
# len("abc") (= 3)
# que l'on va diviser (division euclidienne) par 2
# len("abc")//2 (= 1)
# Des lors, on connait l'index de la valeur cherchée,
# il ne reste plus qu'à l'utiliser pour l'extraction :
print("abc"[len("abc")//2])

# Testons avec une autre chaine :
print("abcde"[len("abcde")//2])

# On peut généraliser pour toute string s :
# print(s[len(s)//2])
```

b
c

Correction Exercice 17

```
# Supposons s = "abc"
# Pour obtenir l'index de la lettre située au milieu,
# on va chercher la longueur de la chaine :
# len("abc") (= 3)
# que l'on va diviser (division euclidienne) par 2
# len("abc")//2 (= 1)
# Des lors, on connait l'index de la valeur cherchée,
# il ne reste plus qu'à l'utiliser pour l'extraction.
# On n'oubliera pas d'ajouter le double points,
# qui permet de signaler l'extraction jusqu'à la fin de la chaine.
print("abc"[len("abc")//2:])

# Testons avec une autre chaine :
print("abcde"[len("abcde")//2:])

# On peut généraliser pour toute string s :
# print(s[len(s)//2:])
```

bc
cde

Correction Exercice 18

```
# Supposons s = "abcde"
# Pour obtenir l'index de la lettre située au milieu,
# on va chercher la longueur de la chaine :
# len("abcde")
# que l'on va diviser (division euclidienne) par 2
# len("abcde")//2
# Des lors, on connait l'index de la valeur cherchée,
# il ne reste plus qu'à l'utiliser pour l'extraction.
# On n'oubliera pas d'ajouter le double points,
# qui permet de signaler l'extraction jusqu'à la fin de la chaine
# ainsi que l'indication du pas de deux.
print("abcde"[len("abcde")//2::2])

# Pour rappel, formule générale pour extraire dans une string s :
# s[index du caractère de départ: index du caractère d'arrivée: pas de déplaceme
nt]

# Testons avec une autre chaine :
print("012345678"[len("012345678")//2::2])

# On peut généraliser pour toute string s :
# print(s[len(s)//2::2])
```

ce
468

Correction Exercice 19

```
print(len(str(987654321)))
# On n'oubliera pas de convertir le nombre (de type int)
# en string avant d'utiliser la fonction len().
```

9

Correction Exercice 20

```
print(len(input("Entrez ce que vous voulez")))
# Il n'est pas nécessaire de procéder à une conversion ;
# par défaut toute donnée entrée via la fonction
# input() est convertie en string.
```

Correction Exercice 21

```
# Supposons une chaine s="abcdef"

# Pour afficher le second caractère, on va chercher
# l'index 1 (puisqu'on compte à partir de 0)
print("abcdef"[1])

# Pour afficher l'avant-dernier caractère, on va chercher l'index -2
# Quand on compte de la droite vers la gauche, on débute à -1.
print("abcdef"[-2])
```
b
e

Correction Exercice 22

```
# Dans un premier temps, on initialise les variables :
quatre = 4
cinq = 5

# On peut ensuite procéder aux manipulations demandées.

# Les manipulations de type calcul ne requierent aucune conversion.
# Les variables sont par nature de type nombre (int).
print(quatre+cinq)
print(cinq-quatre)
print(quatre*cinq)
print(cinq**quatre)
print(cinq/quatre)
print(cinq//quatre)
print(cinq%quatre)

# Pour procéder à une concaténation et une réplication,
# manipulations faisant intervenir des données de type string
# il faut procéder à une conversion :

print(str(quatre)+str(cinq))
print(str(quatre)*cinq)
```
9
1
20
625
1.25
1
1
45
44444

Correction Exercice 23

```
name="Francky"
print(name[0])
print(name[-1])
print(name[len(name)//2])
print(name[:-1])
```

F
y
n
Franck

Correction Exercice 24

```
# Dans un premier temps, on initialise la variable comme demandé :
adn = "attgccg"
# sans oublier les guillement, puisqu'il s'agit d'une chaine de caractères.
# Vérifions la valeur initiale de adn :
print(adn)

# On détermine ensuite la longueur de la variable adn :
print(len(adn))

# On va écraser l'ancienne valeur de adn :
adn = adn * 3
# Cette ligne permet de dire : la nouvelle valeur
# de la variable adn est l'ancienne valeur de adn répliquée trois fois.
# Si on souhaite vérifier la nouvelle valeur de la variable adn :
print(adn)

print(len(adn))
# On constate que la variable adn a bien changé de valeur
# au cours de l'exercice.
```

attgccg
7
attgccgattgccgattgccg
21

Correction Exercice 25

```
# Dans un premier temps, on initialise les variables
ab = 4
ac = 3

# On sait que ABC rectangle en A.
# En appliquant le théorème de Pythagore : AB²+AC²=BC²
# D'ou :
bc = (ab**2+ac**2)**0.5
print (bc)
```

5.0

Correction Exercice 26

```python
# Dans un premier temps, il faut réfléchir aux
# différentes étapes suivies par le programme que l'on souhaite créer.

# 1- D'abord, on souhaite récupérer des informations du coureur,
# et enregistrer ces informations pour les réutiliser.
# 2- Ensuite on souhaite procéder à divers calculs à
# partir de ces informations
# 3- A partir du résultat de ces calculs, on veut effectuer
# une conversion en minutes et en kilomètres
# (puisque les calculs initiaux sont en secondes et mètres)
# 4- Enfin, étape finale, on veut afficher un message de résultat
# au coureur.

# 1 : On va stocker les informations communiquées dans des variables
# On n'oubliera pas de convertir les données, par nature en format
# string avec la fonction input() en format integer
longueur_stade = int(input("Quelle est la longueur du tour du stade (en mètres) ?"))
nombre_tours = int(input("Combien de tours comptez-vous réaliser"))
temps_tour = int(input("Quel est votre temps au tour (en secondes)"))

# On aurait également pu procéder à la conversion dans
# un second temps, en faisant :
# longueur_stade = int(longueur_stade)
# nombre_tours   = int(nombre_tours) etc.

#2 : A partir des informations stockées, on va
# calculer de nouvelles variables
durée_course = nombre_tours*temps_tour # on obtient
                                       # ainsi une durée en seconde
distance_totale = longueur_stade*nombre_tours # on obtient ainsi
                                       #une distance en mètres.

#3 : On doit convertir les données pour obtenir
# le format de sortie demandé.
durée_course = durée_course//60 # on obtient ainsi une durée
                                # arrondi à la minute inférieure
distance_totale = distance_totale/1000 # on obtient
                                # ainsi une distance en kilomètres

#4 : Enfin, on affiche le message comme demandé
        # par l'énoncé, en n'oubliant pas les conversions :
print("La durée totale de votre course est estimée entre "
      + str(durée_course) +
      " et " + str(durée_course + 1) +
      " minutes. Vous allez parcourir " + str(distance_totale)
      + " kilomètres.")
```

Correction Exercice 27

```
# city = "Dallas" :  nom de variable OK
# print = "San Francisco" : un nom de variable ne peut être
# le même que celui de fonctions déjà existantes en Python
# (comme c'est le cas de la fonction print())
# 2NW = "New York" : un nom de variable ne peut commencer par un chiffre
# first_city = "Washington" : nom de variable OK
# secondCity = "Boston" : nom de variable OK
# ThirdCity = "Miami" : nom de variable OK, on préferera néanmoins
# les styles des deux précédents
# _cities = "Los Angeles" : nom de variable OK, mais à éviter
# city456 = "Atlanta" : nom de variable OK
# CITY = "Houston" : nom de variable OK, on évitera
# néanmoins le TOUT majuscule,
# exceptés dans certains cas pour les constantes.
```

Correction Exercice 28

```
city = "Dallas"
city = city*3
city = city[1]
city = city*3
print(city)
```

aaa

Correction Exercice 29

```
animal = "koala"
animal = "koala" + "baleine"
animal = animal[:5]
animal = len(animal)
print(animal)
```

5

Correction Exercice 30

```
name = "baobab"
name = name[4::-2]
print(name[::-1])
```

boa

Correction Exercice 31

```
if a < 5 :
    print("Baloo") # lorsque a = 1, cette ligne est activée
elif a == 10 :
    print("Mowgli") # Lorsque a = 10, cette ligne est activée
elif a//1 == 100 :
    print("Jungle Jungle Book") # Lorsque a = 100, cette ligne est activée
else :
    print("Ka !") # Lorsque a = 1000, aucune autre ligne
                  # n'étant activée, cette ligne est activée.
```

Correction Exercice 32

```
# L'objectif de cet exercice est de bien
# comprendre qu'une fois une des conditions remplies et activée,
# le processus cesse.
# Par exemple, lorsque a = 1, la condition est
# remplie pour toutes les lignes, puisque
# a est inférieur à 5, mais est
# aussi inférieur à 10 et 15.
# Pourtant, lorsque a = 1, le script va
# retourner "Top" et cesser.
# Le même raisonnement s'applique pour chacune des valeurs
# prises par a.

if a < 10 :
    print("Top")   # cette ligne sera activée lorsque a = 1
elif a < 5 :
    print("Tap")   # cette ligne sera activée lorsque a = 6 et a = 8
elif a < 15 :
    print("Tip")   # cette ligne sera activée lorsque a = 12
else :
    print("Tup")   # cette ligne sera activée lorsque a = 16
```

Correction Exercice 33

```
# Cet exercice diffère légèrement du précédent,
# puisque la première des conditions testées est a<10 puis ensuite a<5.
# Or, la première condition sera toujours remplie
# si la seconde l'est également.
# Autrement dit "Tap" ne sera jamais affiché dans le cadre de ce script.

if a < 10 :
    print("Top")   # cette ligne sera activée lorsque a = 1, a = 6 et a = 8
elif a < 5 :
    print("Tap")   # cette ligne ne sera jamais activée
elif a < 15 :
    print("Tip")   # cette ligne sera activée lorsque a = 12
else :
    print("Tup")   # cette ligne sera activée lorsque a = 16
```

Correction Exercice 34

```
if a < b :
    print ("b gagne")
elif a < b :
    print ("a gagne")
elif a == b :
    print ("Rejouez !")

# On n'oubliera pas de vérifier la condition
# d'égalité avec le double signe =.
# On aurait également pu terminer avec else sans préciser de
# conditions, la seule condition possible restante
# étant l'égalité entre a et b.
```

Correction Exercice 35

```
if a >= b :
    print(a*b)
else :
    print(a+b)
```

Correction Exercice 36

```
# Dans ce type d'exercice, il est important de prendre le temps
# de réfléchir à l'écriture du script avant de s'engager dans
# cette écriture.
# On comprend à la lecture de l'énoncé l'existence de
# conditions et de sous-conditions.
# Les conditions principales sont les conditions
# relatives au poids, qu'on prendra le temps de catégoriser.
# Dans chacune de ces conditions, des sous-conditions relatives à la
# taille doivent être ajoutées.

# Dans un premier temps, on récupère les informations liées à la
# taille et au poids, qu'on va tout de suite convertir en nombre.
taille = int(input("Quelle est la taille ?"))
poids = int(input("Quel est le poids ?"))

# On écrit ensuite les conditions de l'énoncé et les sous-conditions :
if poids <= 30 :        # bien que non mentionnée comme première
    # hypothèse dans l'énoncé, cette condition
    # doit être écrite en premier,
    # au risque de se faire déborder par la
    # condition suivante.
    # On ajoute ensuite la sous conditions
    # relative à la taille.
    if taille < 130 :
        print (1)
    else :
        print (5)
elif poids < 60 :       # pas de sous condition dans cette situation
    print (8)
elif poids < 90 :
    if taille < 190 :
        print (9)
    else :
        print (10)
else :
    print (10)
```

Correction Exercice 37

```
magique = 15

if magique%3 == 0 : # Un nombre divisible par 3 est un nombre dont
                    # le reste de la division par 3 = 0
    if str(magique)[0] != "1" :     #Attention à bien comparer
                                    # une string avec une autre string !
        print ("Nombre magique !")
    else :
        print ("Nombre pas magique")
else :
    print ("Nombre pas magique !")
```

```
Nombre pas magique
```

Correction Exercice 38

```
the_chain = "abcdefgha"

if the_chain[-1] != "a" :
    print (the_chain[-1])
else :
    print(the_chain[:-1])
```

abcdefgh

Correction Exercice 39

```
b = "Viva"

if len(b)*2 == 4 :        # Attention à la multiplication par deux
                          # de la valeur de len()
    if b[0] == "V" :
        print("Hourra")
    else :
        print ("Bof")
else :
    print(len(b))
```

4

Correction Exercice 40

```
c = 555

if c%5 == 0 :
    if c*2 < 1000 :
        if c + 2 < 1000 :
            print("ccc")
    else :
        if c + 300 < 1000:
            if c + 2 == 557 :
                print(772)
            else :
                print("azerty")
        else :
            print(456456)
else :
    print(72)
```

772

Correction Exercice 41

```
names = ["Harry", "Ron", "Hermione"]
animals = ["Chouette", "Chat", "Rat"]

names_animals = names + animals
print(names_animals)

names_animals = names_animals*3
print(names_animals)

del names_animals[-1]
print(names_animals)
```

['Harry', 'Ron', 'Hermione', 'Chouette', 'Chat', 'Rat']
['Harry', 'Ron', 'Hermione', 'Chouette', 'Chat', 'Rat', 'Harry', 'Ron', 'Hermione', 'Chouette', 'Chat', 'Rat', 'Harry', 'Ron', 'Hermione', 'Chouette', 'Chat', 'Rat']
['Harry', 'Ron', 'Hermione', 'Chouette', 'Chat', 'Rat', 'Harry', 'Ron', 'Hermione', 'Chouette', 'Chat', 'Rat', 'Harry', 'Ron', 'Hermione', 'Chouette', 'Chat']

Correction Exercice 42

```
numbers = list(range(70, 133, 3))
# Attention à bien préciser en valeur d'arrivée 133
# et non 130, puisqu'il s'agit d'une valeur non inclue.
# Vérifions :
print(numbers)

print(len(numbers))

print(sum(numbers))

# On connait le nombre total de valeurs dans la liste.
count_items = len(numbers) #cf question précédente
# On cherche donc la valeur centrale à travers l'index :
print(numbers[count_items//2])

# Pour la moyenne, on connait le nombre d'items
# et leur valeur totale
sum_items = sum(numbers) #cf question précédente
# On obtient la moyenne en calculant :
print(sum_items//count_items)
```

[70, 73, 76, 79, 82, 85, 88, 91, 94, 97, 100, 103, 106, 109, 112, 115, 118, 121, 124, 127, 130]
21
2100
100
100

Correction Exercice 43

```python
# Une liste peut contenir des listes, comme ci-dessous :
zoo = [["Lion", "A1"], ["Zèbre", "A2"], ["Dindon", "B4"],
       ["Gorille", "B5"], ["Zébu", "J3"]]
print (zoo)

# On peut effectuer le même type de comptage que sur des listes d'autre nature
count_zoo = len(zoo)
print(count_zoo)

# On peut également procéder à des extractions,
# en suivant la même logique que précédemment
first_animal_enclos = zoo[0][1]  # On extrait d'abord le premier
                                 # index de la liste, puis le
                                 # second index de la liste extraite
print(first_animal_enclos)

last_animal_name = zoo[-1][0]    # On extrait d'abord le dernier index de la liste
     (last_animal_name)          # Puis le premier de la liste extraite
```

```
[['Lion', 'A1'], ['Zèbre', 'A2'], ['Dindon', 'B4'], ['Gorille', 'B5'], ['Zébu', 'J3']]
5
A1
Zébu
```

Correction Exercice 44

```python
lights = ["Jaune", "Rouge", "Vert", "Bleu", "Violet"]

print (lights[1])
print (lights[-1])
print (lights[1:3])
print (lights[3:1:-1])
print (lights[::])
print (lights[::-1])
print (lights[:2])
print (lights[2:])
```

```
Rouge
Violet
['Rouge', 'Vert']
['Bleu', 'Vert']
['Jaune', 'Rouge', 'Vert', 'Bleu', 'Violet']
['Violet', 'Bleu', 'Vert', 'Rouge', 'Jaune']
['Jaune', 'Rouge']
['Vert', 'Bleu', 'Violet']
```

Correction Exercice 45

```
birthday_list = ["Maxence", "Victorine", "Lucien", "Fatou", "Georges"]
del birthday_list[-1]
print (birthday_list)
```

```
['Maxence', 'Victorine', 'Lucien', 'Fatou']
```

Correction Exercice 46

```
# On suppose les variables birthday_list et
# max_guests pouvant prendre diverses valeurs

cousines = ["Berthes", "Camille"]

if len(birthday_list) > max_guests :
    del birthday_list[0]
    print(birthday_list)
else :
    birthday_list = birthday_list + cousines
    print (birthday_list)
```

Correction Exercice 47

```
# # On suppose les variables birthday_list et
# max_guests pouvant prendre diverses valeurs

if len(birthday_list) > max_guests :
    del birthday_list[(len(birthday_list)//2):]
    print(birthday_list)
else :
    print(birthday_list)
```

Correction Exercice 48

```
guests = ["Truc", "Bidule", "Machin", "Chose"]
print(guests)
guests.remove("Bidule")
print(guests)
```

```
['Truc', 'Bidule', 'Machin', 'Chose']
['Truc', 'Machin', 'Chose']
```

Correction Exercice 49

```
letters = ["a", "b", "c", "d", "e"]
print(letters[::-1])
```

```
['e', 'd', 'c', 'b', 'a']
```

Python pour le Lycée

Correction Exercice 50

Pour tester, on donnera à max_guests la valeur de notre choix

```
# Commençons par initialiser les variables
a_guests = ["a", "b", "c", "d", "e", "f", "g"]
j_guests = ["h", "i", "j", "k", "l", "m", "n", "o"]
max_guests =

# Créons une variable supplémentaire pour
# se simplifier la tâche par la suite
total_guests = a_guests + j_guests

if len(total_guests) <= max_guests :
    print(total_guests)
elif len(total_guests) < max_guests*1.1 :
                # ce qui correspond à la capacité totale + 10%
    print(a_guests[:-1], j_guests)
    # on aurait également pu supprimer effectivement
    #le dernier invité avec la fonction del
else :
    print(a_guests)
```

Correction Exercice 51

```
new_list = list(str(654321987)) # Attention à ne pas oublier
                                # la conversion en string
print(new_list)
# les fonctions reverse et sort ne retournent rien,
# elles modifient seulement la liste
# il n'est donc pas possible d'enregistrer
# les modifications en variables.
new_list.reverse()
print(new_list)
new_list.sort()
print(new_list)
```

```
['6', '5', '4', '3', '2', '1', '9', '8', '7']
['7', '8', '9', '1', '2', '3', '4', '5', '6']
['1', '2', '3', '4', '5', '6', '7', '8', '9']
```

Correction Exercice 52

```
print(list(range(7, 105, 7)))
```

```
[7, 14, 21, 28, 35, 42, 49, 56, 63, 70, 77, 84, 91, 98]
```

Correction Exercice 53

```
sentence = "Esope reste ici et se repose"
sentence = list(sentence)
print (sentence[9])
```

t

Correction Exercice 54

```
for i in range(16):    #attention, la valeur d'arrivée est exclue.
    print (i)
```

0
1
2
3
4
5
6
7
8
9
10
11
12
13
14
15

Correction Exercice 55

```
i = 0 # on initialise i
while i<16 :  # on aurait aussi pu écrire i <= 15
    print(i)
    i = i + 1
    # on peut voir également la notation i += 1 qui est équivalente
```

0
1
2
3
4
5
6
7
8
9
10
11
12
13
14
15

Correction Exercice 56

```
for i in range(5, 16) :
    print(i)
```

5
6
7
8
9
10
11
12
13
14
15

Correction Exercice 57

```
i = 1
while i <= 100 :
    if i % 7 == 0 :
        print (i)
        i += 1
    else :
        i += 1
```

7
14
21
28
35
42
49
56
63
70
77
84
91
98

Correction Exercice 58

```
for i in range(6, 0, -1) :
    print (i*"*")
    if i == 4 :
        print("Salut !")
```

```
******
*****
****
Salut !
***
**
*
```

Correction Exercice 59

```
# On commence par initialiser la liste des élèves de la classe :
students = ["Axel", "Alex", "Alphonse", "Nono", "Lisa", "Lenny"]

# On initialise deux listes vides :
classe_A = []
classe_B = []

#On itère sur la liste initiale
for student in students :
    if student[0] == "A" :
        classe_A.append(student)
    else :
        classe_B.append(student)

print(classe_A)
print(classe_B)
```

```
['Axel', 'Alex', 'Alphonse']
['Nono', 'Lisa', 'Lenny']
```

Correction Exercice 60

```
# On commence en créant la chaine :
s = "123456123456"

# On initialise une seconde chaine, vide :
m = ""

# Ensuite, on itère dans la chaine initiale et on
# concatène les valeurs souhaitées à la chaine secondaire.
for number in s :
    if int(number) < 4 :
        m = m + number

print (m)
```

```
123123
```

Correction Exercice 61

```
impairs = [i for i in range(11, 23, 2)]
print(impairs)
```

[11, 13, 15, 17, 19, 21]

Correction Exercice 62

```
impairs = [i for i in range(1, 23, 2) if i%3==0]
print(impairs)
```

[3, 9, 15, 21]

Correction Exercice 63

```
to_add = [1, 3, 9, 12, 5]
total = 0            # On initialise la variable Total à 0
for n in to_add :
    total = total + n   # On auraité également pu écrire total += n.

print (total)
```

30

Correction Exercice 64

```
to_add = [1, 3, 9, 12, 5]
total = 0
for n in to_add :
    if n%2 == 1 :     # Un nombre impair à pour reste 1 dans la division par 2
        total += n

print (total)
```

18

Correction Exercice 65

```
def longueur(l_or_s):
    count = 0              # On initialise une variable count à 0
    for v in l_or_s :      # on itère dans l'élément entré en argument
        count += 1         # on incrémente la variable count pour chaque élément
                           #de l'argument
    return count           # On retourne la valeur totale de count

# Si l'on est sur Jupyter, on pourra vérifier le comportement de la fonction :
print(longueur("abcd"))
print(longueur([1, 2, 3]))
```

4
3

Correction Exercice 66

```
def is_triple(number) :
    if number%3 == 0 :
        return "Oui"
    else :
        return "Non"

# Si l'on est sur Jupyter, on pourra vérifier le comportement de la fonction :
print (is_triple(15))
print (is_triple(14))
```

```
Oui
Non
```

Correction Exercice 67

```
def puissance(x, y) :
    return x**y

# Si l'on est sur Jupyter, on pourra vérifier le comportement de la fonction :
print(puissance(2, 3))
print(puissance(4, 2))
```

```
8
16
```

Correction Exercice 68

```
def squaremax(numbers) :
    number_max = max(numbers)
    return number_max**2

# Si l'on est sur Jupyter, on pourra vérifier le comportement de la fonction :
print(squaremax([1, 2, 3, 4]))
print(squaremax([1, 5, 9, 4]))
```

```
16
81
```

Correction Exercice 69

```
def squaremax2(numbers):
    number_max = 0
    for number in numbers :
        if number > number_max :
            number_max = number
    return number_max**2

# Si l'on est sur Jupyter, on pourra vérifier le comportement de la fonction :
print(squaremax([1, 2, 3, 4]))
print(squaremax([1, 5, 9, 4]))
```
16
81

Correction Exercice 70

```
def kayak(s) :
    word_max = 0       # On commence par initialiser deux variables : word_max qui
    final_word = ""    # va nous servir de compteur et final_word pour enregistrer
                       # le mot retenu
    for word in s :  # On vérifie ensuite la longueur de chaque mot.
        if len(word) > word_max :  # Si cette longueur est supérieure à celle
                                   # du mot précédemment
            word_max = len(word)   # retenu comme mot le plus long,
                                   # alors cette valeur est mise à jour
            final_word = word      # et le mot retenu est également mis à jour
    final_word = final_word[::-1]  # Une fois la boucle finie,
                                   # on inverse le mot retenu
    return final_word

# Si l'on est sur Jupyter, on pourra vérifier le comportement de la fonction :
print(kayak(["a", "abcd", "ab", "abc"]))
print(kayak(["James", "Bond", "Q", "M", "Monneypenny"]))
```
dcba
ynnepyennoM

Correction Exercice 71

```
def order(numbers) :
    numbers.sort()
    del numbers[0]    # une fois ordonnée par ordre croissant,
                      # on supprime la première valeur de la liste
    return numbers

# Si l'on est sur Jupyter, on pourra vérifier le
# comportement de la fonction :
print(order([456, 54, 12, 94, 222]))
print(order([1, 111, 11, 11111, 1111]))
```

```
[54, 94, 222, 456]
[11, 111, 1111, 11111]
```

Correction Exercice 72

```
def distance(a, b) :
    x = (b[0]-a[0])**2
    y = (b[1]-a[1])**2
    z = (b[2]-a[2])**2
    return (x+y+z)**0.5

print(distance([1,1,1], [2,1,2]))
print(distance([0,0,0], [0,0,1]))
```

```
1.4142135623730951
1.0
```

Correction Exercice 73

```
def credit_score(taille_foyer, revenu_mensuel, mineurs) :
    revenu_annuel = revenu_mensuel*12
    score = revenu_annuel//taille_foyer
    if score > 20000 :
        return "Crédit octroyé !"
    elif score > 10000 :
        if mineurs >= 3 :
            return "Crédit refusé", score
        else :
            return "Crédit octroyé !"
    else :
        return "Crédit refusé", score
print(credit_score(10, 1000, 5))
print(credit_score(1, 2500, 0))
print(credit_score(3, 2700, 2))
print(credit_score(4, 3200, 3))
```

```
('Crédit refusé', 1200)
Crédit octroyé !
Crédit octroyé !
('Crédit refusé', 9600)
```

Correction Exercice 74

```
def surface(l, L) :
    return l*L
```

CORRECTION DES EXERCICES DE PREPARATION

Correction Préparation 1

```
def alignement(x1,y1,x2,y2,x3,y3):
    #Dans un premier temps, on calcule le déterminant
    determinant=(x2-x1)*(y3-y1)-(y2-y1)*(x3-x1)

    if determinant == 0:
        align = True
    else:
        align = False
    return align

# Avec Jupyter, on pourra tester :
print(alignement(0, 30, 48, 0, 32, 10))
print(alignement(16, 2, 2, 5, 42, 3))
```

```
True
False
```

Correction Préparation 2

```
def fonctionAffine(a,b,x):
    y=a*x+b
    return y
```

Correction Préparation 3

```
def to_fahrenheit(celsius):
    return celsius*(9/5)+32

#Par exemple, avec 0°C :
print(to_fahrenheit(0))
```

```
32.0
```

Correction Préparation 4

```
def nombreInscrits(mois):
    inscrits = 10000
    for i in range(mois):
        inscrits = int(0.99 * inscrits) + 1500
    return inscrits

# Par exemple, au bout de 3 mois, il y aura :
print(nombreInscrits(3))
```

14158

Correction Préparation 5

```
n = 1
while nombreInscrits(n) < 25000 :
    n += 1
print(n+1)
# on ajoute une unité puisque notre boucle while
# s'arrête avant le passage du seuil.
```

13

Correction Préparation 6

```
from random import randint, random

def simulDe():
    return randint(1,6)

def simulPiece():
    X = random()
    if X < 3/4:
        return 1
    else:
        return 0

def jeu():
    X = simulDe()
    if X == 6:
        return 1
    elif X==1 or X==3 or X==5:
        return 0
    else:
        Y=simulPiece()
        if Y==1:
            return 1
        else:
            return 0

if jeu() == 1 :
    print("Gagné !")
else :
    print("Perdu !")
```
```
Perdu !
```

Correction Préparation 7

```
victoires = 0
défaites = 0

for i in range(1000) :
    if jeu() == 1 :
        victoires += 1
    else :
        défaites += 1

print(victoires)
print(défaites)
```
```
421
579
```

Correction Préparation 8

```
def interest(n) :
    S = 1000
    for i in range(n) :
        S = S + S*0.03
    return S

# Ainsi par exemple :
print(interest(10))
```

1343.9163793441219

Correction Préparation 9

```
def interest(n) :
    S = 1000
    # On initialise une liste vide
    l = []

    for i in range(n) :
        S = S + S*0.03
        l.append(S)
    return l

# Ainsi par exemple :
print(interest(10))

# Pour calculer la moyenne de cette liste,
# on doit sommer l'ensemble des éléments de la liste
# puis diviser par le nombre d'éléments de la liste
# Ainsi, par exemple avec n = 10
moyenne = sum(interest(10))/len(interest(10))
print(moyenne)
```

[1030.0, 1060.9, 1092.727, 1125.50881, 1159.2740743, 1194.052296529, 1229.8738
6542487, 1266.770081387616, 1304.7731838292445, 1343.9163793441219]
1180.7795690814853

Correction Préparation 10

```
# On pose :
a = 1.0002
t = 0

# Puis à l'aide d'une boucle :
while a**t<3978:
    t += 1

print (t)

# Et si on souhaite vérifier :
print (1.0002**t)
```
41447
3978.1460394122582

Correction Préparation 11

```
def au_cube(a) :
    b = []
    for value in a :
        b.append(value**3)
    return b

# Par exemple :
print (au_cube([1, 2, 3, 4, 5]))

# L'écriture en compréhension permet de gagner
# en rapidité et en sobriété :
def au_cube2(a):
    return [x**3 for x in a]

# Par exemple :
print (au_cube2([1, 2, 3, 4, 5]))

def au_cube3(a):
    b = []
    for value in a :
        # Dans un premier temps, on crée la sous liste
        # pour chaque valeur de a
        # On pensera à bien réinitialiser cette sous
        # liste à chaque itération
        sub_b = []
        sub_b.append(value)
        sub_b.append(value**3)
    # A ce niveau, la sous liste est constituée, on l'ajoute à la liste b
        b.append(sub_b)
    return b

# Par exemple :
print (au_cube3([1, 2, 3, 4, 5]))

# On aura reconnu la suite des premiers nombres impairs au cube.
print([x**3 for x in range(10) if x%2 != 0])

# Attention, la forme correcte en compréhension de liste
# lorsque a structure est de type if/else
# est : [a if C else b for i in items]
print([x%2 if x%2 != 0 else x+10 for x in range(10)])

def to_i(a) :
    b = []
    i = 0
    for value in a :
        b.append(i)
        b.append(value)
        i +=1
    return b

# Par exemple :
print (to_i(["Bonjour", "Hi", "Hello", "Hola", "Namaskar"]))
```

```
[1, 8, 27, 64, 125]
[1, 8, 27, 64, 125]
[[1, 1], [2, 8], [3, 27], [4, 64], [5, 125]]
[1, 27, 125, 343, 729]
[10, 1, 12, 1, 14, 1, 16, 1, 18, 1]
[0, 'Bonjour', 1, 'Hi', 2, 'Hello', 3, 'Hola', 4, 'Namaskar']
```

Correction Préparation 12

```
# Dans un premier temps, on initialise trois listes,
# correspondantes aux cas possibles :
noms = ["Dupond", "Laplace"]
prénom1 = ["Pierre", "Paul", "Jacques"]
prénom2 = ["Zinedine", "Kylian", "Thierry"]

# On va ensuite itérer dans ces listes grâce
# à plusieurs boucles for imbriquées :
for p1 in prénom1 :
    for p2 in prénom2 :
        for nom in noms :
            print (p1 + " " + p2 + " "+ nom)
            # Ne pas oublier les espaces entre chaque nom
```

```
Pierre Zinedine Dupond
Pierre Zinedine Laplace
Pierre Kylian Dupond
Pierre Kylian Laplace
Pierre Thierry Dupond
Pierre Thierry Laplace
Paul Zinedine Dupond
Paul Zinedine Laplace
Paul Kylian Dupond
Paul Kylian Laplace
Paul Thierry Dupond
Paul Thierry Laplace
Jacques Zinedine Dupond
Jacques Zinedine Laplace
Jacques Kylian Dupond
Jacques Kylian Laplace
Jacques Thierry Dupond
Jacques Thierry Laplace
```

Correction Préparation 13

```
# Dans un premier temps, on initialise les listes

liste_a = [1, 4, 3, 2]
liste_b = [9, 8, 6, 7]
liste_3 = []

# On créé ensuite des boucles imbriquées :

for a in liste_a :
    for b in liste_b :
        # Attention à ne pas oublier la conversion de type :
        number1 = int((str(a)+str(b)))
        number2 = int((str(b)+str(a)))

        if number1%3 == 0 :
            liste_3.append(number1)
        else :
            print(number1)

        if number2%3 == 0 :
            liste_3.append(number2)
        else :
            print(number2)

print (liste_3)
```

```
19
91
16
61
17
71
49
94
46
64
47
74
38
83
37
73
29
92
28
82
26
62
[18, 81, 48, 84, 39, 93, 36, 63, 27, 72]
```

Correction Préparation 14

```
# Dans cet exercice, la difficulté vient de
# la contrainte associée à la non-utilisation
# de la division. On ne peut donc faire n%3 == 0
# et en déduire la divisibilité.
# Toutefois, on sait que la somme des chiffres d'un
# nombre divisible par 3 est divisible par 3.
# Il faut donc vérifier si cette somme est égale à 3, 6 ou 9.

def divisible(n):

    new_n = 0  # On initialise cette variable pour être
               # en mesure de la réutiliser par la suite

    while len(str(n)) != 1 :      # Cette boucle while
                                  # permet de poser la condition :
                                  # tant que n n'est pas compris entre 0 et 9
        for c in str(n) :         # alors, on somme ses chiffres.
                                  # On n'oubliera pas les conversions de type.
            new_n = new_n + int(c)
        # La nouvelle valeur de n est égale à la somme de ses chiffres
        n = new_n
        # On réinitialise la variable new_n
        # pour pouvoir la réutiliser dans la suite de la boucle
        new_n = 0

# Une fois la boucle terminée, on obtient un chiffre entre 0 et 9.
# On sait que si ce chiffre, qui correspond à la somme des chiffres
# de la valeur n initiale
# est égale à 3, 6 ou 9, alors le nombre est divisible par 3.
# Il ne reste donc plus qu'à poser les conditions :

    if n == 3 :
        return "Ce nombre est divisible par 3"
    elif n == 6 :
        return "Ce nombre est divisible par 3"
    elif n == 9 :
        return "Ce nombre est divisible par 3"
    else :
        return "Ce nombre n'est pas divisible par 3"

# Ainsi, par exemple :
print(divisible(999))
print(divisible(998))
```

```
Ce nombre est divisible par 3
Ce nombre n'est pas divisible par 3
```

Correction Préparation 15

```
def top(sentence) :
    # On commence par initialiser deux variables
    # qui vont nous servir pour la suite de notre algorithme
    word = ""
    word_max = ""

    # On itère dans les lettres de la chaine de caractères
    for letter in sentence :

        # Si la lettre est un espace, alors le mot est terminé
        if letter != " " :
            word = word + letter
        # On le compare au mot le plus long déjà enregistré.
        # Si sa longueur est supérieure ou égale au mot le plus long déjà enregistré,
        #  alors il devient le mot le plus long.
        # Dans tous les cas, on réinitialise le mot en cours
        # pour pouvoir poursuivre a comparaison
        else :
            if len(word) >= len(word_max) :
                word_max = word
                word = ""
            else :
                word = ""
    return word_max[::-1]

print(top("Un problème sans solution est un problème mal posé"))
print(top("Je pense donc je suis"))
```

```
emèlborp
esnep
```

Printed in France by Amazon
Brétigny-sur-Orge, FR